요새의 땅,
광주 상무대

요새의 땅,
광주 상무대

초판 1쇄 찍은 날 2023년 11월 27일
초판 1쇄 펴낸 날 2023년 11월 30일

지은이 김정호
사진 최석희

펴낸곳 (재)광주광역시 광주문화재단
발행부서 (재)광주광역시 광주문화재단 지역콘텐츠팀
　　　　　61636 광주광역시 남구 천변좌로 338번길 7(구동)
　　　　　전화 062-670-7492

만든곳 도서출판 심미안
주소 61489 광주광역시 동구 천변우로 487(학동) 2층
전화 062-651-6968
팩스 062-651-9690
메일 simmian21@hanmail.net
블로그 blog.naver.com/munhakdlesimmian
등록 2003년 3월 13일 제05-01-0268호

값 18,000원
ISBN 978-89-6381-439-1 03900

요새의 땅, 광주 상무대

김정호 지음

예로부터 군대를 주둔시킨 요새였던 땅, 상무대. 1백 년도 되지 않은 상무대의 역사가 어느새 희미해져 간다. 영산강과 광주천의 물줄기, 거기 깃든 마을과 사람들 그리고 상무대와 광주. 정의란 언제나 승자의 것이고 역사란 승자에 의해 왜곡되기 마련이다. 우리는 이 이치를 깨닫기 위해 역사를 공부한다.

심미안

발간사

애틋함과 애정으로 광주의 뿌리를 기록하다

지역의 공간과 사람, 역사와 문화를 찾고 기록해 온 광주문화재단이 올해는 옛 광주 상무대 이야기로 시민 여러분을 만나게 되었습니다. 1990년대 이후 '상무지구'로 불리면서 아파트와 공공기관, 화려한 먹자골목이 늘어선 신도심으로만 기억되는 땅. 그곳의 이야기에 김정호 선생님이 향토사학자의 고집스러움으로, 언론인의 예리함으로 생명력을 불어 넣었습니다.

선생님과의 인연은 2014년 『광주산책』으로 시작했습니다. 발품 팔며 광주의 어제와 오늘을 꼭꼭 눌러 담은 『광주산책』을 펴내면서 '죽는 날까지 무슨 일이든 이 세상에 도움 되는 일을 해야 한다는 욕심이 의무처럼 느껴졌다.'고 하셨습니다. 이후로도 선생님은 쉬지 않고 펜을 들었고, 옛 광주 상무대에 관한 자료를 꼼꼼히 수집해서 한 편의 이야기를 엮어 냈습니다.

선생님의 낡은 가방을 내려놓고 수집한 자료들을 펼쳐놓으니 테이블 한가득이었습니다. 정리되지 않은 문서와 사진들을 하나하나 조사하면서 느꼈던 어려움을 토로하다가도 이내 지도를 가리키면서 이야기를 풀어내는 모습에서 여전히 불타오르는 연구 의지와 더불어 뜨거운 광주 애정을 느낄 수 있었습니다.

아마도 광주에 대한 끊임없는 애틋함이 집필을 멈추지 않게 하는 동력인 것 같습니다. 현장을 누비며 광주의 애환과 뿌리를 찾는 일에 열중하신 의지는 광주문화재단이 앞으로도 이어 나가야 할 마음가짐입니다. 늘 애틋함과 애정으로 광주를 바라보며 소중하게 기록하겠습니다.

마지막으로 이 책의 출판을 위해 저작재산권을 양도해 주신 김정호 선생님께 진심으로 감사드립니다. 선생님의 바람대로 이 기록이 향토지식이 되고 후학들의 연구에 도움이 될 수 있기를 기대합니다. 아울러 광주문화재단은 우리 지역의 문화정체성을 탐구·정리하고 시민들과 폭넓게 공유하는 다양한 사업에도 계속 힘쓸 것을 약속드립니다.

2023년 11월
재단법인 광주광역시 광주문화재단

저자의 말

땅도 혼이 있다

접해 보지 않았던 향토 얘기나 문헌자료를 접할 때마다 다른 사람에게도 알려야 하는 것이 마치 내 사명이라 여기며 글을 쓰고 책을 내온 세월이 주마등처럼 떠오른다. 2010년 진도문화원장직을 끝으로 모든 공직에서 벗어나 광주로 옮겨 건강을 돌보고 책을 벗 삼아 말년을 살아가려고 마음먹었었다. 2년여 동안 쉬던 끝에 다시 옛날 버릇이 도져 쓴 것이 광주문화재단이 간행한 『광주산책』 상·하권(2015년)이다. 2018년에는 영·호남의 상호이해를 돕겠다는 심정으로 『영호남의 인문지리』(지식산업사)를 냈다. 평소에 향토사의 가장 기본이 되는 공부가 지역 혈연집단인 성씨라는 생각으로 『한국의 귀화성씨』(2003년·지식산업사), 『전남본관성씨』(1996년)를 썼던 속편의 성격으로 『광산본관성씨』(2019년·광산문화원)를 펴냈다.

기왕에 여생을 광주에서 소일하기로 작정한 터라 1992년 『광주동연혁지』 간행 때 다루지 못했던 1910년대 일본 사람들이 그들의 조선 진출에 도움이 되도록 만든 『조선지지자료』 광주 편을 후배들과 함께 2017년 문화원연합회 광주지부사업으로 엮어냈다.

이곳저곳에서 원고 의뢰가 오는 통에 가지고 있는 같잖은 지식을 글로 써오는 사이, 광주로 재차 옮겨올 때의 다짐은 온데간데없이 삶이 허락하는 동안 광주 상무대 이야기를 정리하기로 마음을 다잡았다.

이미 건강도 예전 같지 않고 우선 자동차를 부릴 수 없는 처지라 쉬엄쉬엄 상무대 주변 동네들을 방문해 옛이야기들을 주워 모으고 시청이나 서구청을 돌면서 자료를 모으면 광주지역사에서 구멍이 나 있는 상무대 얘기를 정리하는 것쯤은 손쉽겠다고 생각했다. 노인이란 본디 젊은이들이 피해가는 일들을 찾아 시간을 보내는 잉여인력이 아니던가.

그러나 큰 오산이었다. 군사시설이 철수한 후 시민들이 들어가 살기 시작한 지 30년이 가까워 오는 데도 이곳 옛 군사시설 내용은 아직도 공개 불가다. 설사 광주 상무대에 관계된 자료들이 보안에서 해제되었다 하더라도 현재 이 업무를 보고 있는 장병들이 광주 상무대 시절 이후에 태어난 탓에 30여 년 전 일에 대해서는 서름서름한 것이 문제였다. 광주시나 서구토지정보센터 근무자들마저 대부분 광주 상무대를 경험하지 못한 신세대들이다. 상무대지구 택지개발을 담당했던 광주도시공사 직원도 모조리 정년퇴임을 했고 택지개발계획을 맡았던 용역회사들도 문을 닫거나 실무자들이 퇴직해 자료수집이 어려웠다. 자료 수집은 육군본부를 비롯한 10여 곳의 연고 군사부대와 학교에 민원을 내 수집한 것을 토대로 했다.

다행히 1990년대 후반까지의 개발과정은 아쉬운 대로 1997년에 간행한 『광주시사』 제9장의 〈군사〉 편(829~885쪽)이 도움을 주었다. 두 번째 자료는 1996년 전남대학교 박물관이 용역을 맡아 쓴 140쪽짜리 『상무대개발지구 조사보고서』였다. 두 자료 모두 상무대 개설과 이전 과정에 대해 자세하면서도, 이곳에 있었던 부대의 내용이나 땅(부지) 등은 여전히 군사기밀보완을 이유로 언급하지 않고 있었다. 30년의 시간이 지나고도 보완을 이유로 공개를 거절하는 것에 대해 아쉬움과 분노를 느낀다.

광주·상무대를 거쳐간 교육 수료생 수는 부실한 부분이 있지만 다행히 모아졌다. 상무대가 광주에 끼친 영향을 지역 역사 기록으로 남기기 위해서는 광주에 주둔한 지원부대의 규모와 전투교육사령부의 기구 및 인원, 병영시설 규모 등과 관련된 자료도 필요하다.

특히 상무대 부지의 일본군 징발 내용과 그 이후 한국군에 의한 귀속재산 흡수 및 시설 확장에 따른 징발 내용도 파악되어야 한다.

다행스럽게도 일제 말기 일본군에 의한 광주군용시설에 대한 자료는 일본 쪽의 자료가 공개되고 있어서 인터넷으로 누구나 확인할 수 있다. 그렇더라도 이 자료는 시설 장소나 부대 주둔지 등의 자료가 역시 부족하다.

부족한 자료 확보는 국가기록원이 보유하고 있는 1913년 전후의 이 일대 지적도가 참고가 되었다. 이 자료를 통해 일본군사시설로 수용되기 전 이곳의 사정을 짐작할 수 있었으나 광복 후 이곳 변화에 대한 자료 관리가 허술해 상황 정리가 어려웠다. 이런 일은 광주시청이 주체적으로 정리에 나서야 한다. 상무대가 군사시설지구였다는 이유로 그 지적이나 소유 관계가 부실하게 방치하는 것은 행정 태만이다.

1백 년도 되지 않은 상무대의 역사정리가 이처럼 어려울 줄은 몰랐다. 옛날처럼 자료 접근이 어려울 뿐만 아니라 민원처리 공무원들의 태도가 괘씸한 경우도 여러 번이었지만 언론인으로 공무원들을 상대했던 옛날이 정상이 아니었다고 접어 생각하기로 했다. 누가 시키지도 않는 일을 자진해 하면서 남을 원망한다는 것은 자가당착이다.

이 글을 정리하면서 크게 느낀 점이 있다. 사람에게 인권이 있듯이 무생물인 땅에도 천부의 권리는 있겠다는 생각이 들었다. 중동 튀르키예의 지진 보도를 보면서 땅이 인간의 탐욕에 진노한 것이라는 생각을 떨칠 수 없다. 상무대의 땅은 너무 많이 휘둘렸다. 화내기 전에 조심해야 한다. 땅도 혼이 있다. 생명은 사람이나 무생체인 흙이나 마찬가지다. 상무대에 직접 관련이 없는 땅 얘기를 끼워 넣은 것은 상무대 땅이 너무 시달려 왔다는 생각 때문이다.

특히 이 책에는 상무대와 직접 관련이 적은 광주 역사나 영산강 물줄기, 광주천 물줄기의 변화에 대한 내 견해를 밝혔다. 군분면이 광주 옛 읍성을 지키던 토성이 아니었을까 하는 문제도 제기해 보았다. 이 두 가지 문제는 후학들의 고찰이 있기를 고대한다.

나이 먹다 보니 글씨마저 늙어 비틀거린다. 그 비틀거린 글자를 컴퓨터에 옮겨준 조카 한숙에게 감사한다. 행여 넘어질까 걱정해 가방을 들고 빠짐없이 현장에 동행한 내자에게도 감사한다. 이 기록이 광주시민의 향토지식이 될 수 있도록 지원해준 광주문화재단 황풍년 대표와 바쁜 중에도 곱게 단장해 책으로 만드는 데 힘쓴 심미안의 송광룡 대표에게도 감사한다.

2023년 10월
양림산 기슭에서
김정호

차례

004 발간사
006 저자의 말

1장

상무지역의 지리와 역사

014 전남대학교 학술조사
019 광주천의 영산강 합류
030 옛 광주의 중심 영산강
035 옛 군사요새 광주
044 신라 무진도독부
050 운암동의 진훤대
061 후백제 군사의 조련장
066 극락면과 치평동
070 내정면의 세 동네

2장
상무지구 현장

- 080 상무지구는 일본 해군성 항공기지
- 093 상무지구 일본 기지 조성
- 097 일본의 군사기지화 작업
- 107 일제 강점기 광주 전쟁 유적 조사
- 110 패전 직전의 광주 주둔 일본군
- 112 전투병과통합교육대 상무대 개설
- 120 전투병과교육사령부
- 123 상무대의 여러 학교

3장
광주 상무대

- 136 광복 직후 국내 정세
- 139 한국 국군의 창설
- 141 6·25전쟁과 한국군 훈련
- 148 미군의 광주 진주
- 150 일본 군사기지에 국방군 제4연대 창설
- 153 6·25전쟁과 광주
- 158 반공포로수용소
- 162 상무대와 광주시 성장
- 169 상무대 흔적과 보존
- 173 상무대의 군인 흔적

4장

광주 상무대의 이설

182 　상무지구의 땅, 광주시의 인수
192 　군용지 상무대의 도시 개발
195 　상무지구 택지개발과
　　　　동 경계 조정
199 　광주시청사의 이동
204 　상무동의 탄생
210 　상무동의 변화

5장

5·18민주화와 상무대

218 　부마(釜馬)민주화와 광주
223 　5·18민주화운동의 진행
229 　5·18민주화운동 기념사업

1장
상무지역의 지리와 역사

군분면(軍盆面)은 한자 이름이 나타내는 것과 같이 군대를 주둔시키던 요새라는 뜻을 지녔다. 지형은 얕은 구릉지대이다. 이곳 맨 끝 산자락이 오늘날 무각사가 자리 잡고 있는 쌍촌동 노치(老雉)로, 땅 이름에서 옛성이 있었음을 알려주고 있다.

전남대학교 학술조사

전남대학교박물관이 1996년 광주시의 용역을 받아 '상무택지개발지구 종합학술조사'를 실시했다. 조사팀은 7개 분야로 나눠 정리했다.

지리학과 박승필 교수가 자연지리, 인류학과 임연진 교수가 고고학 유적, 역사교육학과 박만규 교수가 역사적 변천, 사회학과 정근식 교수가 상무대의 역사, 안종철 씨가 상무대와 지역사회, 무역학과 손용엽 교수가 상무대와 지역경제, 사학과 김동수 교수가 상무대 연표를 담당했다.

이 보고서는 기무사, 육군본부, 국방부 등의 보안검사를 받았기 때문인지 상무대 주둔부대나 학교 현황에 대한 기록이 없다. 이 보고서의 참고할 만한 대목을 간략하게 정리한다.

지역의 자연지리

상무택지개발지구는 광주 서쪽 구릉산지와 평지가 만나고 광주천이 극락강으로 접어드는 범람원 지역이다.

변위도상 북위 35도 8분~35도 10분, 동경 126도 50분~126도 52분 사이에 있다.

연평균 기온은 13℃고 강수량은 연평균 1,400mm로 인접 지역에 비해 비가 많은 편이다.

이곳을 에워싼 구릉지는 흑운모 화강암으로 이뤄져 높이가

50m~70m가량이다. 암석들은 풍화가 심하고 피부는 적황색 토양이 얇게 덮고 있다.

겨울인 1월 평균기온은 -0.3℃이고 최고는 26.5℃로 그 차가 심하다. 여름 최고기온이 30℃ 이상인 날 수는 44일로 대구의 55일에 비해 적은 편이지만 서울이나 부산보다는 무덥다. 평균 기운 20℃ 이상의 달이 4개월 정도 계속되기도 한다.

지형이 서북풍을 막아줄 만한 산이 멀어 겨울 서북·북풍이 세고 6월~8월에는 남남동풍이 많다.

이곳 평지는 광주천이 실어온 돌과 흙이 퇴적한 땅으로 해발 15m~25m 고도를 이루고 있으며 퇴적 두께는 2m~4m가량이다.

하천 유로의 이용이 자연적 현상이었는지 인공적 변동이었는지는 확인하지 못했다. 유로 변동으로 보아 이 일대는 배후 습지였던 것으로 볼 수 있다.

이곳 택지는 분지형 지형이 중심부에 있다.[1]

임영진 교수팀은 이 지구에서 원삼국시대 토기편을 수집했다. 주로 적갈색 연질토기 조각들이었다.

이 일대는 일제 강점기 비행장 활주로 건설 때 매립과 매립지 토취 때문에 원 지형의 변화가 많았다. 6·25전쟁 때 이곳에 상무대가 들어서면서 숙사와 연병장 조성, 조경 등으로 너무나 원형이 많이 손상되었다. 유물의 파편을 수습하더라도 그 본디 위치를 확인하기 어려운 곳이다.

---

[1] 조선시대 광주읍 시절 동운동 고가도로 밑으로 흐르던 광주천과 서방천의 합류 지점 상류는 작은 분지였다. 중간 분지는 광산구 동곡과 건너편(옛 극락나루) 사이로 흐르는 영산강의 안통이라 할 수 있다. 세 번째 가장 큰 분지가 영산포의 좁은 목 안통인 나주평야 일대라 할 수 있다. 상무지구 지질 특징인 흑운모화강암은 운암동의 일제 강점기 운모광산사업이 증명하고 있다.

상무택지개발지구는 광주 서쪽 구릉산지와 평지가 만나고

    상무지구에서 3.5km 상류 구릉지대인 신창동에서는 기원전후 유물들이 쏟아져 나왔다. 1996년 조선대학교 박물관 팀은 구석기시대 석기 12점을 망덕산에서 발굴했다.
    보다 상류인 오룡동에서는 1세기~3세기 시대의 주거지가 확인되었다. 첨단지구에서는 5세기~10세기쯤의 장고분도 발굴되었다. 같은 영산강 구릉지대이면서도 상무지구는 군사보안시설지구라 고고학적 발굴이 진행된 바 없이 원형이 크게 손상되었다. 임 교수팀은 주변 발굴은 민간인 소유지인지라 용역 범위 밖으로 후일을 기약했다.
    조사팀은 쌍촌동 산204번지, 밭 377번지, 임야 1261번지에서 97년 제2지구 발굴조사 때 삼국시대 수혈주거지 79기, 분구묘 22기, 토광묘 1기, 연질토기, 이중구연호 시루, 구두형토기 등 주로 원삼국시대 전후 유물들을 발굴했다. 이때 쌍촌동 아파트 앞에서 분청사기 인화문 완도 수습했다.
    상무대의 역사나 연표, 역사적 변천 등은 이때 조사보고서를 참고

광주천이 극락강으로 접어드는 범람원 지역이다. 유덕동 영산강 둔치에서 바라본 상무지구.

해 필자가 각 장에서 수정 및 보완했다.

'상무대와 지역사회'를 집필한 안종철 씨는 상무대 군인들의 대민봉사, 군인들의 야간진학 등 시민과 군이 화기로웠던 사례들을 설명하고 5·18민주화운동 때 저지른 부정적인 가해에 대해 썼다.

송용엽 교수는 상무대가 지역경제에 준 영향을 상술했다. 인구 14만 내의 광주에 연간 상주인구 2만 2천여 명의 군인이 있었다. 연간 예산이 광주시 예산을 웃돌던 시대인 1950년대 광주의 성장 동력은 상무대였다고 여러 자료를 제시하고 있다.

군인들의 우체국 이용과 예금, 훈련장병의 면회와 전입, 귀대에 따른 교통 번창, 외출 장병들을 상대로 하는 접객업의 성장, 상무대 주변의 인구 증가, 장교들의 영외 생활비지출, 상무대 급식 및 소비물품의 공급 등 광주를 소비도시로 성장시켰음을 여러 수치로 다루고 있다.

그러나 광주시 인구가 80만 도시로 성장한 뒤 상무대에 주둔한 군인 비중은 극히 왜소해졌으며 광-송 간 발전 축의 장애요소가 되기도 했음을 지적하고 있다. 그는 상무대 이전으로 그 부지는 광주도시장기발전계획에 따라 국토의 서남권 지역 중추관리기능을 담당하게 될 것이라고 논술하고 있다.

이 보고서의 아쉬움은 군시설 이전의 이 지역 취락 형태와 소멸 과정에 대한 관심이 부족했다는 점이다. 아울러 광주천과 영산강 본 물길 사이에 반복되었던 물길의 변화와 치수사업에 따른 환경 변화 등을 찾아볼 수 없었다. 이 조사는 30여 년 전 상황이었기에 좀 더 관심을 가졌더라면 일본 시절 병영 자리와 광복 후 미군과 한국군의 징발에 의한 변화나 징발 토지의 보상 관계를 추적할 수 있었을 것이다. 이때까지도 치평리 하촌이나 쌍촌리 노치에서 쫓겨난 주민들이 주변 여러 곳에 흩어져 살고 있었으므로 군에서 제공하지 않더라도 생업 터전을 빼앗긴 주민들의 사례를 수집할 수 있었을 터이다.

늦었지만 군 당국은 상무대 군용지의 수용과 광주 이양, 육군병원과 특무대 주둔 등의 역사를 기록으로 공개해야 한다.

광주천의 영산강 합류

중국의 황하가 지금처럼 산동성 북쪽 제남(濟南)으로 정착된 것은 170여 년 전인 1853년이다. 그전에는 산동성 남쪽 안휘성의 연운항(連雲港) 밑으로 흘러 중국 지도를 보면 폐황하구(廢黃河口)라는 지명 표지가 있다. 말할 것 없이 제남을 거쳐 발해만으로 흐르고 있는 오늘날의 황하는 치수를 위한 둑 쌓기 공사가 끝난 뒤인 1947년에 완성되었다. 1194년 이전에는 황하가 북경과 천진(天津)을 거쳐 북쪽에서 남쪽 발해만으로 흘렀으나 1194년 황하 상류에 큰 홍수가 일어나 물줄기가 천 리 밖 남쪽으로 바뀌어 양자강과 합해지는 바람에 회하(淮河)라는 샛강이 생겼다. 이때 북송의 수도였던 개봉(開封)은 모래가 20m 이상 덮쳐 폐허가 되었으며 대운하 주변 도시들이 장쑤성 홍택호가 되기도 했다.

광주천과 영산강이 만든 들녘, 군분면

광주천 냇머리나 영산강 중류인 칠천(漆川)도 비록 좁은 물목이지만 황하의 변화를 실감할 수 있는 강이다. 이 강과 내가 만든 들녘과 동네가 광주 군분면(軍盆面)이고 상무대이다.

광주천은 무등산 중턱의 용연에서 시작해 극락면 치평리의 용혈포로 흐르는 광주 고을 중심 내다. 이 내의 길이는 24.2km이다. 담양 추월산 용연에서 시작해 담양 고을을 지나다 광주천과 만나는 영산강 중류의 합류 지점에는 광산군 극락면 평촌 구렁개(穴浦)가 있다. 이

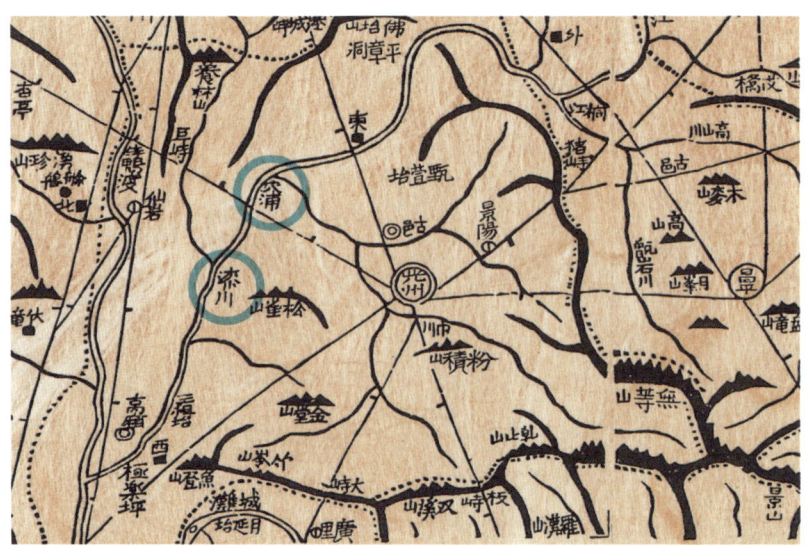

『대동여지도』에 표기된 혈포, 칠천.

혈포 곁에 위치한 숲(치평리 1018번지)에는 광주 고을 사람들이 기우제를 지내던 용왕제 터가 있었다. 이 구렁개 건너로 장성 진원에서 시작해 영산강 본류와 합치려고 달려온 20km 길이의 구등천(풍영정천 옛이름)이 합해지고 있다.

담양천(60km), 광주천(24.2km), 구등천(20km)의 3개 내가 합해지는 지점의 이름은 칠천(漆川)이라 했다. 본디 오행으로 물은 흑(黑)색이고 흑색은 북쪽의 상징이므로 칠(漆)이라고도 했다. 세 개의 내가 흙탕물을 일으키며 싸움을 벌이던 범람 지역이라 검정 물구덩이이란 뜻으로 칠천이라 불렀다. 용이 조화를 일으키는 정혈(正穴)길지로도 보았다. 풍수에 용진(龍眞)하고 혈정(穴正)하면 사수(砂水)는 묵합(黙合)한다고 했다. 흙은 형체고 물은 혈맥이라 한다. 평촌 동네의 강변을 혈포라 부른 것은 용이 물을 만나 멈춘 명당혈이란 뜻이다. 물줄기는 감싸안고 돌아야 기(氣)가 서리는 법인데 일본 식민 통치자들이 평촌 위에서 북쪽 덕산 쪽으로 흐르던 광주천의 줄기를 마륵리 쪽으로 직강시켜 조선 관념의 혈맥을 망쳐버렸다.

앞서 중국 황하의 물줄기 변화를 언급했다. 역사 기록으로 확인되는 황하구(바다 입수 머리) 변화만 아홉 차례이다. 영산강이나 광주천도 마찬가지였다.

많은 선사유물이 발굴된 신창동 유적지는 영산강 물줄기가 홍수로 밀어닥쳐 생긴 흔적이다. 본디 영산강은 지금처럼 광산구 산월동 보훈병원에서 남쪽으로 흐르다가 신창동 경계 지점에서 오른쪽으로 꺾여 산동교 쪽으로 우회한 게 아니었던 것이 분명하다. 오히려 첨단지구로 내달아 구등천 냇길과 합해 수완을 거쳐 칠천으로 흐르다가 강 앞이 홍수로 범람하자 오룡동 물길이 흙으로 막히면서 고개를 틀었던 것 같다.

유덕동의 칠천에서 만나는 구등천(九登川, 출전 : 「동여도」)은 장성 진원면에서 시작해 광주 첨단산업단지를 지나 수완동과 신창동 들녘을 거쳐 칠천에 합해지는 내다. 이 구등천은 일제 때 풍영정천으로 이름이 바뀌었다. 분명히 담양에서 흘러내리던 영산강 본류는 첨단산업단지를 지나 비아로 흘러오던 구등천 물길을 타고 흘렀을 것이다. 이 바람에 신창동 선사유물들이 토사에 묻혀 뒤늦게 그 모습을 드러낸 셈이다.

광주천은 남쪽의 건천(巾川) 갈래와 서방천(瑞坊川) 갈래가 병목처럼 생긴 지형의 무등경기

구등천(현 풍영정천)은 진원면에서 시작해 광주 첨단산업단지를 지나 수완동과 신창동 들녘을 거쳐 칠천에 합해진다.

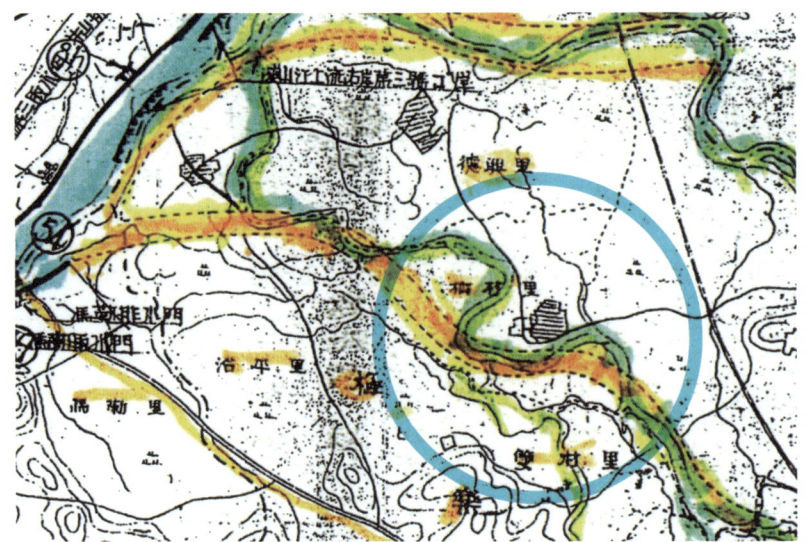

무등경기장 합수 지점에서 영산강 본류인 칠천에 이르는 동안 광주천은 세 번이나 곡선을 나타내고 있다. 점선은 조선총독부가 계획한 광주천 직강공사계획선.

장 좁은 목에서 만나 서로 세력 다툼을 해 왔다. 그래서 그 하류인 동운동과 광천동은 홍수 때마다 물길이 바뀌었다.

아주 오래된 사례를 들지 않더라도 1915년께 만든 극락면 치평리 지적도를 보면 무등경기장 합수 지점에서 영산강 본류인 칠천에 이르는 동안 광주천은 세 번이나 곡선을 나타내고 있다. 특히 심한 변화는 하수종말처리장이 들어 있는 옛 평촌동네의 지적도에 잘 나타난다.

당시 광주천은 하수종말처리장에서 800m 이상 북쪽의 유덕동 덕흥동네 곁으로 흘러 구등천(풍영정천)보다 위쪽에서 영산강인 칠천과 만났다. 이 냇줄기가 1939년과 1940년 진행한 광주천 직강사업 때 하수처리장 남쪽으로 인공하천을 만들어 직선화한 것이다. 이 때문에 오늘날 평촌동네가 있던 하수종말처리장은 직강공사 전에는 광주천 남쪽 동네로 오늘날의 치평동과 같은 들녘이었으나 지금은 광주천 북쪽 땅

이 되어 치평동과 유덕동 경계가 기형적인 모습을 보이게 된 것이다.2)

일제는 조선의 식민통치가 영속화할 것으로 믿었다. 그래서 1914년 조선총독부는 산미증산계획이란 조선의 식량기지화계획을 세우고 강변 개발에 눈독을 들였다. 조선총독부는 1915년부터 하천일제조사에 나서 1919년 1차 조사보고서를 냈다. 이때 보고서를 보면 영산강 유역 경작 면적은 5만 6천여 정보로 그중 논 면적은 3만 9,600정보이며 이 중 8천 정보가 1910년 홍수 때 범람했다고 보고하고 있다.

조선총독부는 1929년까지 10년간 2차 조사와 함께 개수계획을 수립했다. 1931년 하천령을 공포한 총독부는 한강이나 동진강 등 큰 곳부터 치수사업에 착수했다.

영산강은 1934년에 일본인들이 가장 많이 몰려 살던 나주 영산포 주변부터 치수사업을 시작했다. 이 사업이 진행 중이던 1936년, 홍수로 전남 지역에서만 181명이 죽고 157명이 실종되었다. 집 2만 1,390채가 물에 떠내려가거나 침수 피해를 보았다. 농경지 3,052 정보가 유실되고 3만 7,646 정보가 침수되었다. 이해 7월 강수량이 광주 178mm, 장성 209mm, 담양 185mm, 함평 161mm에 달해 주로 영산강 주변 피해가 컸으며 28일 아침 7시 영산포 수위는 8.2m에 달했다.3)

1937년 조선총독부는 1934년 이후 계속된 수해이재민구제사업이란 이름을 붙여 영산강 유역의 협착지역 직강공사를 본격화했다. 광주천의 하류직강공사도 이때 진행되었다. 광주천 직강공사에 대한 기록은 영산강환경청이 관련 자료의 소장이나 인계를 광주시 하천과에 떠밀어 입수할 수가 없었다. 하는 수 없이 치평동 평촌 일대 토지대장을 중심으로 그 변화를 조사해 가느다란 실마리를 찾을 수 있었다.

---

2) '극락천의 직강공사' 참조, 24쪽.
3) 김경수, 『영산강삼백오십리』, 395쪽.

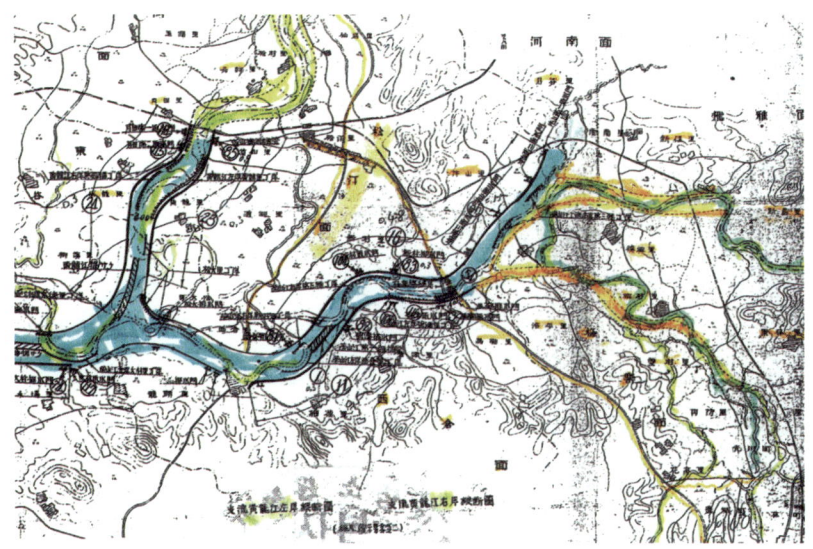
조선총독부시절 영산강 개수시설 계획 도면.

극락천의 직강공사

광주시나 영산강환경청에서 얻지 못한 극락강 직강공사 흔적은 지적도와 지적대장으로 확인할 수 있었다. 어디선가 이곳의 공사 내역도 나타날 것이라 기대한다.

오늘날 유촌동으로 독립해 있는 땅은 1914년까지도 내정면 면사무소가 있었던 동네다. 하수종말처리장이 들어선 평촌(坪村)과 상무대군 사기지가 된 치평동의 하촌(荷村)을 거느린 조선시대 내정면(內丁面)이었다. 이 내정면에 속한 중심 동네는 본디 신촌(新村)이라 했으나 냇물의 길이 변해 냇 건너마을이 되면서 1914년 유촌동이 되었고 나머지 평촌과 하촌은 쌍촌리에 속했던 노치(老雉)를 합해 치평동이 되었다.

신촌과 평촌, 하촌의 세 동네는 본디 지금처럼 광주천이 갈라놓은 땅이 아니라 한 들녘에 속해 있었다. 이 들녘에서 맨 처음 광주천으로 통행이 막힌 동네는 신촌(유촌동)이었다. 이 동네는 전형적인 하천

현재의 지도 위에 재현한 광주천 옛 물길. 평촌과 덕흥 사이의 물길이 직강공사 이후 평촌과 하촌을 갈라놓은 것을 알 수 있다.

의 삼각주 땅으로 옛 광주천은 신촌의 북쪽 동림동 경계를 따라 흘렀었다. 1913년 지적원도를 보면 광주천의 물이 유촌동 90번지, 51번지, 603번지를 따라 흐르다가 어느 해인가 갑작스럽게 물길이 유천리 동쪽으로 바뀌어 다시 남쪽으로 5백m쯤 흐르다가 222번지에서 또다시 고개를 돌려 신촌 동네를 우회해 광주천 북쪽 동네가 되면서 광주천 남쪽에 자리한 평촌이나 하촌과 한 들을 두 쪽으로 갈라놓았다.

이 광주천 물길은 1939년 직강공사를 한 흔적이 나타난다.

1913년 지적도에 하천(河川)으로 기재된 유촌동 820번지는 유촌동 75~2번지 집 가까이로 흘렀으나 새로 방축 공사가 이뤄진 뒤 하천부지가 밭과 논이 되었다. 그 대신 그 상류였던 유천동 12번지나 13, 15, 39, 36, 30, 31, 32번지 등의 밭은 지목이 1940년 전부 내로 변했다. 종전의 내 폭 90m 내외가 거의 4백m 폭의 샛강줄기로 그려져 있다(지적도 참조).

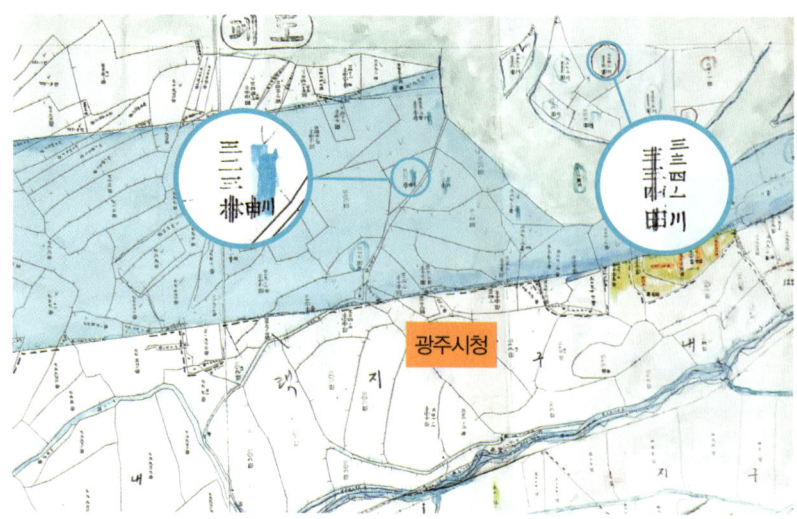

현 광주광역시청이 자리한 옛 유촌동 일대 지적도. 방축 공사 이후 지목이 밭에서 천으로 변했다. 사진 우측 상단의 곡선이 광주천의 옛 물길이고 넓은 폭의 푸른색이 직강공사 강물 폭이다.

두 번째 직강공사는 시청 청사 뒤에 잘 나타나 있다. 오늘날 광주천 남쪽에 체신청, 조달청, 경찰기동대, 통계청이 있다. 이 공공기관 북쪽 강변도로를 '계수로'라 한다.

이곳 단지는 오늘날 유촌동 840번지다. 이 땅은 택지개발 후 환지 전 유촌동 281번지에서 296번지에 이르는 23필지 땅들이었다. 280~40번지는 6,398㎡에 이르는 하천이었으나 택지조성에 포함된 뒤 840~2번지의 공원이 되었다.

광주시청 뒤 하천 315번지나 328번지, 327~1번지 등은 옛날 밭이었으나 1939년 이후 하천이 된 땅들이다. 이곳에서 평촌과 덕흥리 경계지점까지 900m가량이 인위적인 직강공사로 새로 만든 광주천이다.

세 번째 직강공사는 덕흥, 평촌의 경계를 이루고 있던 광주천의 직강이다.

광주천의 하류인 극락천은 유촌과 덕흥 경계인 820번지 내로 흐르

치평교에서 바라본 광주천. 직강공사로 물길이 변했다.

다가 두 번째 직강공사(계수로길)로 물길이 평촌과 덕흥의 경계지점에 이르렀는데, 세 번째 직강공사로 오늘날과 같이 마륵리 경계 영산강 본줄기에 합류하게 되었다. 본디 극락천(광주천 하류)은 치평동 790번지에 막혀 고개를 736번지(현 덕흥동 626) 쪽으로 북향해 1km쯤 올라가다가 덕흥동 1147번지에서 영산강 본줄기에 합해졌다. 이 물줄기는 치평동 787번지와 793번지 사이를 시작으로 마륵동 영산강 본류까지 7백 미터쯤 계속 파내려가 영산강으로 직선화했다.

이 사업으로 1913년 지적측량 때 논이었던 치평동 793번지에서 925번지에 이르는 논 70여 필지가 하천으로 지목이 변했다. 마륵리 경계는 598번지와 597번지이다.

이 공사로 하천 용도가 폐기된 덕흥동과 평촌의 땅들은 1990년대 경지정리에 포함되어 논이 되었다. 옛날 토지대장을 보면 치평동 744번지나 935번지는 논이었으나 1939년 이후 국유하천으로 지목이 변해 있다. 극락강 직강공사에 대한 자료가 발굴되기를 기대한다.

광주천 직강공사가 끝나고 옛 광주천 남쪽 5백m 지점(치평동 1079번지)으로 흐르던 풍영정천은 오히려 상류인 광주천 옛 어구 너머로 머리를 돌렸다.

영산강 본류의 호안제방공사가 끝나기 전인 1930년대에는 광주천, 풍영정천, 담양천 물이 한곳으로 몰려 범람하는 통에 송정 곁 우산동 앞들이 모조리 바다가 되었다.

이 물이 다시 황룡강과 극락강 물이 몰렸던 동곡면 마산과 대촌면 농막 간의 좁은 목을 빠져나가지 못해, 이곳의 지명을 배 없이 다닐 수 없다 하여 선도면(船道面)이라 불렀다. 동곡면에 하선리(下船里)나 수성리(水城里) 같은 땅 이름이 있는 것도 이 때문이다. 이 두 번째 병목 밑 광탄까지는 바닷물의 영향을 받아 홍수 때 들물이라도 만나면 오늘날의 송정비행장 일대는 물바다가 되어 3일가량 바다같이 물이 차 있는 일이 잦았다. 그 상류인 치평동이나 우산동은 보통 하루쯤은 바다가 되어 있었다. 이런 자연지리 탓이었던지 광주는 고려 건국 후 전라도 지역의 주도권을 나주 고을에 빼앗기고 한때 해양현(海陽縣)이라 불리기도 했다.

이 같은 자연 현상은 역사를 거슬러 올라갈수록 심했던지 광주의 통일신라 때 이름인 무진주(武珍州)에서도 그 꼬투리를 읽을 수 있다. 무진주의 토박이말은 '무돌골'이. 물돌골은 '물들골'로도 불리고 백제 때 '노지(奴只)'라고도 했다는 기록이 있다. 노지는 '늪지'를 이르는 이두식 땅 이름이므로 물과 인연이 깊었던 광주의 내력을 치평동의 역사와 풍수지리에서 더듬어 낼 수 있다.

1924년에 간행한 광주의 읍지에 보면 보(洑)는 19곳, 방죽은 57곳(제방 29곳)에 달하고 있지만 하천부지 내 논에 물을 대던 보는 빠져 있다. 보기를 들자면 혈포에 있던 보는 광산구 우산동 독산들에 물을 대기 위해 막아 물세를 받는 보였다. 갈대밭을 논으로 개답해 물을 대던 소규모 사설보는 노치리 동영보, 쌍촌의 지망보, 칠성보, 지만보, 가수보, 노대보, 고보, 조립보, 뒤뜰보 등 오늘날의 광천동에서 하수종말처리장에 이르는 왼쪽 냇가 만도 10개 보가 있었으나 이 보들은 영세민들이 막은 물세 없는 보였다.

오늘날처럼 강변 양편에 홍수를 대비한 높은 둑을 막아 강물이 넘치지 않도록 하는 영산강 본류 하천치수사업은 1927년 이후에 시작되었다. 시가지인 광주천 중심부의 제방공사도 1928년 사구동에 사정시장을 개설할 때가 처음이다. 이전에도 강에 다리를 놓을 때는 다리 길이는 줄이면서 강물에 휩쓸리지 않도록 일정한 길이의 둑을 쌓았을 뿐이다.

영산강 본류(本流)의 치수사업이 시작된 것은 1931년 조선 하천령이 발표된 이후이다. 물론 치수사업의 필요성은 1915년부터 계속된 조사사업의 결과이지만 예산 확보가 어려웠고, 1934년 영산포 부근 호안공사가 처음이었다.

광주·광산을 흐르는 영산강 본류의 치수사업은 1936년 홍수를 겪은 이듬해 재해난민구제사업을 겸해 1937년에 시작했다. 이후 광주비행장 공사 때 일부 보완되었다. 오늘날의 영산강처럼 양편에 1.5m에서 2.4m 높이로 강둑을 쌓아 올리는 호안공사를 대충 끝낸 것은 1978년이었다. 이 사업이 끝나던 해에 영산강종합개발사업이 시작되었다. 그러므로 영산강개발사업으로 하구둑이나 영암호, 금호호가 생겼고, 새로 생겨난 간척답과 영산강 사이에는 새 방죽이 이뤄진 셈이다.

옛 광주의 중심 영산강

여러 유적이나 광주본관성씨들의 세거지를 유심히 살펴보면 임동의 유림수 안쪽에 자리한 조선시대의 광주보다 그 밖인 영산강 유역에 옛 유적과 세거지가 몰려 있다.

영산강 본디 물줄기를 담양 추월산 용소에서 목포 하구까지로 삼을 때, 총 길이는 115.5km이다. 그중 담양군역을 흐르는 강은 배가 드나들 수 없는 내라 영산강의 최상류는 담양 대전면 응용리와 광주 북구 건국동 용강 사이부터라 할 수 있다. 말할 것 없이 지명이나 구전을 생각하여 창평 고을의 증암천 중류인 보촌이나 금성면 진도나루까지를 포함한다면, 그 범위는 아주 옛날까지를 더듬어야 할 것이므로 언급이 어렵다. 다만 우리가 피부로 느끼는 영산강은 담양과 광주의 경계지점에서 목포까지를 전제로 한다. 이 강역의 길이는 80여km로 30여km는 광주시역이고 나머지는 나주와 함평, 무안 구간이다. 이 구간에 구석기, 신석기, 철기 문화의 흔적은 물론 마한 유적지가 집중되어 있다.

영산강 들목이라 할 담양군 대전면 태목리와 응용리에서 1천 5백여 기의 마한 시기 취락지 흔적이 발굴되었다. 조선시대 광주의 동창이 있었다는 월봉산 기슭에서도 50여 기가 발굴되었고 같은 들녘의 월계동에서는 장고분이 발견되었다. 산월동 뚝뫼와 포산에서도 청동기시대 고분들이 발굴되었다. 국가사적지 제375호로 지정된 신창동유적지

월계동 장고분.

는 영산강 고대유적에서 그 시대를 관찰할 수 있는 대표적인 고대 야외 박물관이다. 지석묘나 옹관묘는 영산강 하류인 나주, 영암 지역에 많은 수가 발굴되었다. 동시대 광주권역의 유물의 숫자가 적다고 해서 동시대 문화권역에서 제외되는 것은 아니다. 고대로 갈수록 교류나 교통은 물길을 이용했으므로 배가 드나들었던 광주는 비록 그 시기가 하류보다 늦었을망정 같은 문화권의 상층부에 속했다. 이 때문에 통일신라는 영산강종류인 무진주를 행정과 군사중심기지로 활용했던 것이다. 그리고 그 중심은 국이 좁은 광주의 구읍권역이 아니라 영산강 유역이었을 것이라고 생각한다.

광주의 고읍(古邑)은 어디인가

아직도 광주는 조선시대 광주 읍성이 아닌 고읍(古邑)에 대한 위치를 확정하지 못하고 있다. 일제가 식민화하기 전 일본 사람들이 간

신창동 마한유적체험관.

행한 『조선지지자료』(1910년)에 지금은 담양군이 된 대전면은 광주군의 대치면과 갈전면을 합한 1914년 이후의 행정구역 이름이다. 이 때문에 『조선지지자료』는 광주군 대치면을 조사하면서 고적명소 항목에 "① 안심사옛터(평장리) ② 무진읍터(문내면) ③ 평장리(신라왕자 은거땅)"이라고 기록하고 있다. 대아리 보 이름을 '성산보'라 하였고 이웃 갑향면에는 성산(城山)이 있다고 했다. 이 탓이었던지 이후에 나온 일제 식민 시절 기록들은 한결같이 백제 때 무진고을은 대전면에 있었다고 기록하고 있다. 이 무렵의 주민들 구술은 한결같이 '옥터골'이니 '척서정' '태조등' 따위 땅 이름을 덧붙여 사실처럼 이끌어왔다.

문제는 김정호의 『대동여지도』와 『대동지지』 기록이다. 『대동여지도』는 광주의 고읍(古邑)을 광주 읍성과 진훤대(甄萱坮) 사이에 그려넣었다(지도 참조). 다시 이 지도의 내용을 상설한 『대동지지』는 "진훤대는 북 15리"에 있다 했고 "고성은 무진도독 때 성으로 북 5리이다. 성

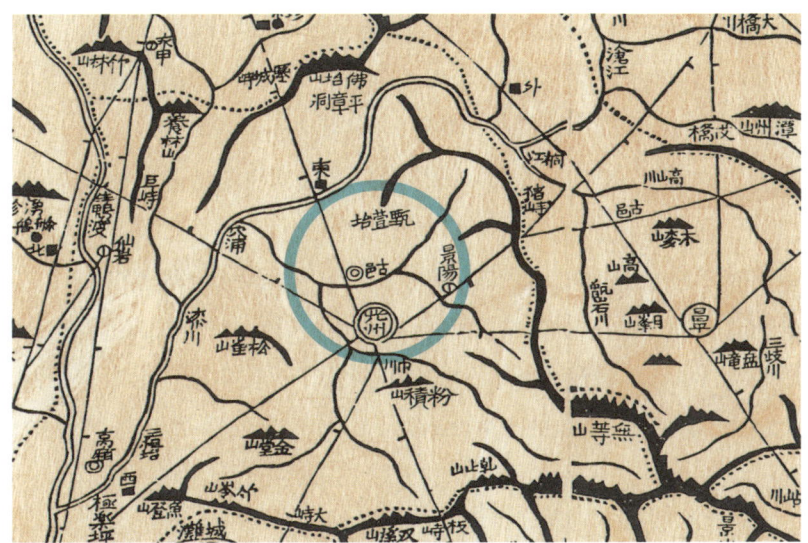

「대동여지도」는 광주의 고읍(古邑)을 광주 읍성과 진훤대(甄萱坮) 사이에 그려넣었다.

의 둘레는 3만 2,448자로 토축이다."라고 덧붙이고 있다.

이 기록 때문에 그동안 광주에서는 고산자 김정호가 북 50리를 5리로 잘못 알았다는 주장이 있고, 무등산 잣고개 너머 무등산성이 무진도독성이라는 주장까지 나왔다. 고산자 김정호는 무등산 고성은 백제 때 성이라고 못박았다. 만일 무등산성이 백제 때 성이라면 무진성이라 불러도 잘못이 없는 셈이지만, 근래 이곳 유적 조사에서는 백제 시기의 유물이 별로 나오지 않았다. 전남대박물관 발굴보고서는 이 성을 통일신라 이후의 성으로 보았다.

필자도 이에 관심을 가지고 북구 월각산을 비롯하여 오치동과 삼각동을 헤매기도 하고 담양군 대전면을 기웃거리기도 했다. 필자는 이제 고읍의 존재를 상무대 인근에서 찾기로 했다. 고읍의 성 둘레는 조선시대 광주 읍성의 다섯 배에 달하고 토축성이라는 기록을 믿을 수밖에 없었다. 읍성에서 5리 거리는 유림 숲을 벗어나지 않아야 할 것이

상무지역의 지리와 역사 33

나 이곳은 신안동과 임동으로 나뉘기 전 신안리로 1천 년 전에는 수령이었을 터이다. 사람에 따라서 임동 96번지에 있던 십신사 터와 범자비가 북 5리라는 기록을 들어 이곳 일대라는 주장을 펴는 이들이 있으나 이 일대에서 광주 읍성의 다섯 배 넓이의 땅은 찾을 수가 없다. 십신사지 범자비나 석상 형식은 백제나 통일신라 시절에는 찾아볼 수 없는 유물이다. 일본인들이 임동 일대 숲쟁이를 치우고 농림학교와 실습장, 임업시험장, 양묘장 따위로 썼던 구릉이라고 억지를 쓰더라도 그 면적은 3만 2천 자의 성벽을 수용할 수 없다. 이 일대는 앞서 밝힌 바와 같이 동운동 고가도로목이 병목지형이라 광주분지에 홍수가 나면 물바다가 되던 곳이다.

　나는 군분면(軍盆面)의 지명에 주목한다. 옛 군분면은 연예리(농성동), 송정(화정동), 쌍촌, 내동(내방), 택동, 계수, 효사, 신방(광천동), 노치(쌍촌동)의 12개 동네로 1914년 극락면에 합해졌다. 이때 농성동과 광천동을 떼어내 광주부에 합했다. 군분면은 한자 이름이 나타내는 것과 같이 군대를 주둔시키던 요새라는 뜻을 지녔다. 지형은 얕은 구릉지대이다. 이곳 맨 끝 산자락이 오늘날 무각사가 자리 잡고 있는 쌍촌동 노치(老雉)로, 땅 이름에서 옛성이 있었음을 알려주고 있다. 농성동은 광주 읍성에서 5리가 조금 넘는 거리이고 노치가 있는 망덕산(일명 여의산)은 진훤대를 북으로 바라보는 곳이다. 이 같은 상상이 사실일 수 있다면 지금의 광주광역시청은 천 년 전 무진주의 중심을 찾아간 셈이다. 5·18공원이 되어 있는 망덕산에 1백미터쯤의 타워를 세운다면 명실상부한 행주 형국의 광주가 돛을 세우고 항해하는 형국이 된다. 이 타워는 구시가지는 물론 어등산과 첨단지구를 한눈에 굽어보는 관광명소가 될 수 있는 위치다. 광주는 상징적인 인조상징물이 없는 무등산 자랑뿐인 도시다.

옛 군사요새 광주

광주에 국방을 위한 군대가 주둔한 역사는 멀리 백제 때부터 더듬어야 할 일이다. 백제 이전 원삼국시대에도 국방을 위한 군인과 주둔지는 있었을 것이나 기록이나 흔적이 없어 알 수 없다.

백제 때 광주 고을 이름이 무진주(武珍州)였다는 기록이 전해온다. 무(武) 자도 물[水]의 한자 표기였을 것이라는 해석에 따라 토박이말로는 '무들' 또는 '무돌'이라 발음했을 것이라는 게 일반적 해석이다. 그렇더라도 통일신라 이후에도 날랠 무(武) 자를 버리지 않고 계속 두자 고을 이름으로 고쳐 무주(武州)라 한 것을 보면 군대와 관련 있던 고을이었음이 분명하다.

신라에서 ㅇ당(幢)이라 하면 국방군을 이르고, ㅇ정(停)이라 하면 지방군병영을 이른다. 통일신라 때 무주에는 식민통치하에서 보던 직급과 같은 도독(都督) 또는 총관(摠管)을 두어 그곳 고을의 군주(軍主)를 삼았다. 도독은 2등 이찬에서 9등 급찬에 이르는 경주의 신라 진골 등에서 선발해 파견했다. 광주에 주둔해 있던 무주도독은 군사 업무를 관장했을 뿐만 아니라 고을 직속의 미다부리(未多夫里, 현재의 남평)에 지방군 병영인 정(停)을 두고 있었다. 아직 신라 때 무진도독성 자리가 어디였는지 밝혀내지 못했으나 그 자리는 치정관 근무지이면서 군영이었을 터이다.

고려 때 무주도 광주, 해양, 익주, 광주, 화평, 무진(茂珍), 광주 등

상무지역의 지리와 역사 35

36 요새의 땅, 광주 상무대

운천저수지 상공에서 시청 방면.
오른쪽 가까운 산이 망덕산, 그 너머로 대마산과 운암산이 보인다.

일곱 번이나 고을이름이 바뀌어 어느 곳에 치정관아가 있었는지 가늠하지 못하고 있다. 다만 조선시대 읍성이 있던 광주군 성내면 성벽마저 고려 후기였을 가능성만 제기할 뿐, 뚜렷한 기록이나 유물을 제시하지 못하고 있는 실정이다. 그렇더라도 광주 잣고개에서 석곡수원지에 이르는 곳에 산성이 남아 있고, 증심사 입구인 운림동에 '성거리'라는 지명이 있다. 지금은 담양군에 속해 있지만 대전면 대치에는 '성맷등' '성안들' '성산보(城山洑)' '성산주막' '무진읍터' 따위 이름과 무진도독 시절 성이 있었다는 구전이 전해온다. 지금은 건국동이 되어 있는 갑마보면(甲馬保面) 생용리 대풀봉에도 성 흔적이 있다. 마찬가지로 무등산 북쪽 산기슭 충효동에도 성 흔적이 있다.

통일신라 후기에 광주에서 왕건과 후백제 진훤왕이 싸우던 흔적은 운암동 황계 동네를 중심으로 진훤대(甄萱坮)가 있었다는 기록과 지명들로 전해오지만 성벽 흔적은 남아 있지 않다.

남쪽 극락강변 사월산은 왕건대(王建坮)라 불렸으나 왕조대(王祖坮)로 고쳐 불렀다는 『여지도서』의 기록이 있다.

문제는 상무대가 자리 잡은 조선시대 지명이 군분(軍盆)이다. 이곳 정상은 망덕산(여의산)이며, 노치(老雉)라는 이곳 동네 이름은 옛 성 위의 담장(여첩)을 뜻하는 말임을 이미 설명한 바 있다.

고려 때는 고려 태조 왕건 세력에게 미움을 샀던 탓에 광주가 크게 쓰이지 못했다. 또한 영산강 중류에 있는 왕건의 두 번째 처가 고을 나주가 긴요한 곳으로 우대받는 바람에 광주에 중요시설을 둔 기록이 별로 없다.

조선 왕조로 접어들면서 1397년 송정리 25번지 일대에 전라도병영성을 쌓고 군대를 주둔시켰다가 20년 만인 1417년 장흥으로 진영이 옮겨갔다. 비록 군대는 옮겨갔으나 이곳에는 토성이 오래 남아 있어 조선시대에 광주군 고내상면(古內廂面)이라 했다. 『동국여지승람』은

이 성의 둘레를 1,681자로 기록하고 있다.

이처럼 아주 오랜 옛날부터 광주가 군사요새로 쓰이거나 전라남도 중심 고을 자리를 지킨 것은 고을 뒤에 유사시에는 숨기 좋은 무등산이 있고, 들 가운데로 영산강이 흘러 밖으로 드나들기 좋은 자리이기 때문이다. 고려시대에 비록 고려 왕실의 푸대접을 받았을망정 나주 고을 사람들도 광주 서쪽, 선암역(仙岩驛)을 이용했고 전남의 중부인 강진, 장흥은 물론 멀리 고흥까지도 광주 고을 경양역(景陽驛)을 거쳐 다녔다.

조선시대 이정(里程)은 전국을 10대 대로(大路)로 나눠 역원(驛院)을 두었다. 광주를 지나는 대로는 남지해남(南至海南) 대로로 경기 4읍, 충청 20읍, 전라 35읍을 지나는 큰길로 가장 길고 복잡했다. 통영으로 가는 10대로는 전북 삼례역에서 갈려 남원~함양~산청~진주~사천~고성을 거치거나 삼례~전주~남원~곡성~낙안~순천~좌수영에 이른다. 이때는 곡성에서 동복을 거쳐 광주에서 동남향으로 뻗는 낙안~벌교~고흥을 거치기도 해 광주는 전라도의 교통 요충이었다. 이 때문에 고려 말기 몽고군의 차라대(車羅大)도 무등산에 진을 쳤으며 왜구도 무등산에 진을 친 일이 있었다. 임진왜란 때도 왜군은 화순 청풍에 산성을 쌓고 광주를 노렸지만 무등산은 차지하지 못했다.

조선시대 군사제도는 경국대전 병전(兵典)에 규정되어 있다. 이 법전은 대전통편, 대전회통 등 여러 차례 개정되었다.

정규군은 무과시험을 치르지만 문관이라도 지방관에 임명되면 군 편제에 편입되고 모든 백성은 병역 의무를 졌다. 정식 군인이 아닌 자는 보인(保人) 또는 솔정(率丁)이라 하여 군포(軍布)를 내서 정병의 운영에 썼다. 임진왜란 이후에 이들은 예비군이라 할 속오군(束伍軍)에 편입시켰다. 조선시대에도 무과 출신 정규군인 절도사영, 절제사영, 만호진 등 군대 조직이 있었다. 관찰사와 수령이 행사하는 군사권

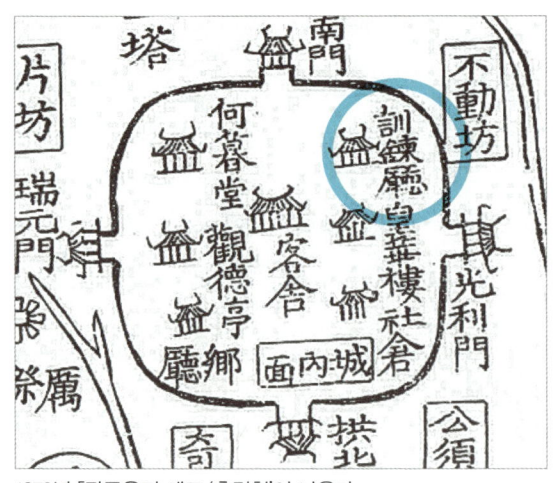
1879년 「광주읍지」에도 '훈련청'이 나온다.

이 따로 있어서 일단 유사시에는 관찰사영과 절도사영을 중심으로 목이나 군수가 모두 현역 전시체제에 흡수되고 군사 모병을 위한 발병부(發兵簿)를 수령이 행사하였다. 이 때문에 관찰사가 주재해 있던 전주는 감영이라 하여 군사업무를 담당하는 영장(營將)이란 무관직이 따로 있었다. 마찬가지로 광주목에는 훈련청, 장청, 군관청, 장교청, 화약고, 군기고, 군뢰청, 수어청, 기고청 등 군사시설들이 성 안에 있었음이 옛 관아지도에 나온다.

당시 나주목이 우영(右營)으로 목사가 첨절제사를 겸하고 광주는 나주영에 속했다. 군현지지에는 당시 그 고을의 군대 정원이 군액(軍額) 항목에 나온다. 광주에서 살면서 자기 당번 때 군적지로 찾아가 근무하는 서울 중앙병조군속인 주민 수, 우수영, 좌수영, 나주우영, 승군, 입암산성군 등 중앙국방군 편제의 주민 수와 이들을 뒷바라지하는 보인(保人) 수가 나와 있다. 이 같은 중앙군이나 지방주진군 소속 외에도 자기 고을을 지키는 임무의 군인, 감옥 간수인 군뢰, 고을 행사 때 행진하는 기패군이나 취타대요원들도 있었을 것이지만 어째서

인지 『광주읍지』에는 읍속군인 수에 대해 기록하지 않고 있다.

하기사 구한말 군대 편제는 어느 시기를 기준으로 하느냐에 따라 크게 달라질 수밖에 없다. 대원군이 집권하면서 개항을 요구하는 서양 배들의 침입이 시작되자, 1881년 일본식 총기 사용법을 익히도록 겨우 80명의 별기군을 뽑아 일본군에 그 훈련을 맡기는 처지였기에 옛날 군대 조직이나 군인이 존재 가치가 없어진 것은 당연하다. 이에 울분을 참지 못한 구식 군인들이 1882년 6월 임오(壬午)군란을 일으키는 바람에 별기군도 없어지고 구식 군대 조직도 없어진 나라다.

청나라는 대원군을 잡아갔고, 일본은 별기군 훈련교관이었던 호리모토 소위를 죽인 죄를 묻겠다며 육해군을 이끌고 인천에 도착해 죄진 자는 나오라고 으름장을 쳤다. 그러나 이에 대항할 군대가 없었다. 이름이야 삼군부니 내무아문이니 군대 형식의 기구는 만들었지만 무주공산이나 다름없이 변해버린 조선은 일본이나 미국이 원하는 대로 통상수호조약을 맺으며 힘센 나라가 어느 나라인가 눈치 보기만 열심이었다. 1884년 갑신년까지는 일본, 영국, 미국, 이태리, 러시아 할 것 없이 요구하는 곳마다 조약이란 이름의 개방을 계속하고 같은 해 8월에는 궁실 앞 한강의 용산마포항마저 개항장으로 내놓았다. 인천의 땅은 중국 상해처럼 여러 조각으로 쪼개어 원하는 나라에 빌려주었다.

1885년 일본이 부산 앞 절영도에 해군석탄저장소를 꾸미자 영국은 거문도를 점령했고, 러시아는 원산에 저탄소 설치를 요구했다.

각처에서 민란이 계속되다가 1893년 동학교도들이 일어나고, 이듬해 난군을 일으켰으나 일본군이 6월 수원부 풍도 앞바다에서 청국군함을 격침한 뒤 8월 평양에서도 이기면서 조선은 일본의 세상이 되었다.

일본군은 마치 동학군을 일본을 향한 반란군처럼 취급했다. 공주 싸움에서 일본군이 대승을 거두면서 드디어 1895년(乙未), 조선은 일본의 허수아비가 되었다. 연호를 개국기원 건양(建陽)이라 하면서 비로소 중국 손아귀에서 벗어났다고 어르면서 지방관제는 물론 군대 조직까지 좌지우지했다.

1895년 일본의 강압으로 삼도통제영은 물론 병영마저 해산한다. 일본이 조선군을 정식으로 해산시킨 것은 1907년이지만 이미 이때 일본이 조선의 군대를 해산시킨 셈이다. 이해 8월 민비가 궁 안에서 일본 낭인들에 의해 살해되었지만 궁실을 지킬 조선군은 없었다. 이듬해 2월 고종은 궁실에서 몰래 나와 러시아 공관으로 거처를 옮겼고 백성들은 도처에서 민란을 일으켰다는 죄목으로 도륙당했다.

1895년 일본은 대만을 점령하고 총독 정치를 시작했다. 조선에서는 고종을 청나라의 지배에서 벗어난 어엿한 황제의 국가라며 추켜세우면서 허수아비 황제 즉위식을 거행했다(10월 11일~12일).

이런 판국에 국방을 위한 군대가 있을 리 없다. 1900년 드디어 지방군대의 명칭을 친위대(親衛隊)라 하여 평양, 청주, 대구, 전주, 서울 등 다섯 곳에 2개 중대 단위(1개 중대원 2백 명)의 대대본부를 두었다. 일본식 육군 헌병조례를 만들어 지구헌병대 설치가 시작되고 육군병원도 개설했다. 지방군대조직과 달리 왕실수호의 친위대는 1895년 민비시해사건 이후인 9월에 창설한 바, 이 기구는 1900년 시위기병대대로 바뀌었다. 포병대, 공병대, 치중병대, 군악대 등 형식은 갖춰갔으나 일본군의 통제와 자문을 받고 있었으므로 본디 기능을 발휘할 수 있던 조직이 아니다. 일본은 1904년 8월 한일협정을 통해 암묵적인 통감체제에 들어가 1905년 을사조약으로 외교권과 국방권을 빼앗아 갔다. 1906년 8월에는 일본군의 조선주차군사령부가 용산에 문을 열었다.

1897년 광주에는 금남로 2가 36번지 훈련청 자리에 1895년 전국 7곳에 설치한 훈련대 중 1개 중대가 개설되었으나 곧 해체되고 1900년 전주시위대의 광주 4대대가 금남로1가 15번지(수협 땅)에 주둔했다.

1907년 7월 조선군이 해산되고 사직단에 주둔하고 있던 일본군 1개 중대가 조선진위대 자리로 들어와 의병 진압에 동원되었다. 1908년 일본주차군이 조선군으로 이름을 바꾸면서 광주의 일본군은 철수하고 그 자리에 일본헌병대가 들어왔다. 일부 기록은 1915년 신설 일본 20사단 제80연대 소속 1개 중대가 들어왔다고 했다.4)

일본군은 1938년 4월 육군특별지원병제도를 실시하기로 한 뒤 조선인 모병을 위해 1939년 육군병사부를 신설했다. 광주는 이때 용산주재 20사단 예하 관구사령부가 설치되어 신병 징발, 일본인 재향군인, 학교 교련 업무 등을 관장하도록 했다. 이때 광주관구사령부는 학동 68번지 현 병무청 자리에 문을 열었다(1939년 8월 14일). 광주병사부는 관할 지역이 전남·북, 충청남도로 사령관은 요시모토(古本) 대좌였다5). 이 관구병사부는 1943년 각 도별병사부 개설로 확대되었다. 이때 광주병사부는 지금의 동구청 청사 자리 서석동 31번지다. 이때 사관구는 폐지되었다가 1945년 초 다시 지구사령부로 부활했다(사령관 下野一藿).

1945년 2월 일본본토사수 결호작전이 시작되면서 광주에는 15개 이상의 일본군 여러 부대가 둥지를 튼다. 그 병영 중심지는 극락면 치평리 항공기지였다6).

---

4) 『광주시사』 4권, 831쪽.
5) 『한국독립운동사 연구』 제51집 230쪽, 조건의 박사 학위논문.
6) 같은 책, 「별항·패전 직전의 일본군사기지」 참조.

신라 무진도독부

『대동지지』 광주 항목을 보면 "광주는 백제 때 노지(奴只)라 했다가 무진군(武珍郡)이라 하고 신라 문무왕 17년(677) 도독을 두었다."고 했다. 이 도독은 신문왕 5년(685) 총관이란 이름으로 바뀠는데, 이는 일본이 조선을 식민지로 한 뒤 한반도에 파견한 총독과 같은 뜻이다. 문무왕 17년은 백제의 정벌을 끝낸 지 14년째이고 고구려를 멸망시킨 지 9년째의 일이다. 신라는 삼국을 통일했으나 이 통일전쟁에 참여한 당나라 군사들을 몰아내기 위한 5년 전쟁 끝에 비로소 안정을 구했다(677년).

신라는 북쪽 고구려 유민을 달래기 위해 고구려 왕족 안승(安勝)에게 보덕왕이라는 왕호를 주고 전북 익산의 금마저(金馬渚)에 거처를 마련해준다. 그리고 문무왕의 누이를 왕비로 삼게 하여 허수아비 정부로 만든다. 고구려를 멸망시킨 것을 당나라의 침략 탓으로 돌리려는 전략이었다. 신라는 684년(신문왕 4) 안승의 아들 대문(大文)이 반기를 들자 이를 쳐 고구려의 뿌리를 뽑는다. 불안이 해소되고 삼국 통치의 자신감을 갖게 되자, 685년 당나라식 관료 이름인 도독을 버리고 총관으로 바꿨다. 당나라의 힘이 빠지기 시작한 757년, 경덕왕(景德王)은 대대적인 행정구역 개편과 함께 모든 제도와 고을 이름마저 당나라 흉내를 내 두 글자 이름으로 바꿨다. 이때 무진주총관부는 무진도독부가 되었다.

담양 대전면과 광주 건국동을 잇는 용산교. 이곳에 광주의 영산강 첫 나루인 용산나루가 있었다.

　중국의 한자가 도입되어 신라에서 일반화되기 전에는 삼국시대의 기록들은 삼국 토착말을 한자 글자를 빌려 썼던 탓으로 글자 자체가 뜻을 나타내지는 않았다.
　거듭 밝히지만 사서(史書)들은 광주의 백제 때 이름을 노지(奴只)라 했다가 뒤에 무진군(武珍郡)이라 했다고 기록하고 있다. 학자들은 노지와 무진이 오늘날의 한자 뜻을 담은 표기가 아니라 백제 사람들의 발음을 비슷한 한자 발음 글자로 썼을 거라 본다. 이 같은 견해로 학자들은 광주의 백제 때 이름 '노지'(奴只)는 '냇땅' 또는 '늪땅'을 의미하고 무진(武珍)은 '물들' 또는 '무돌'의 표기로 본다.
　원광대학교 유재영(柳在泳)의 『전래지명연구』 273쪽을 보면 "삼국시대 땅 이름 중 한자로 쓴 땅 이름은 노(奴)와 내(內)와 뇌(惱)가 모두 내(ne)로 발음되는 땅이다."라고 쓰고 있다. 그는 양주동의 『고가연구』에도 내(內) 노(奴) 내(乃) 내(奈) 천(川)은 모두 같은 음을 나타낸 한자

상무지역의 지리와 역사 45

표기 방식이라고 했다. 여러 곳의 땅 이름을 보기로 들어 무(武) 자도 물(勿)이나 매(買) 자와 마찬가지로 모두 me, mul, ne를 나타낸 한자 차용 사례라고 주장한다.

이 같은 연구에서 광주의 옛 백제 때 이름 '노지'(奴只)나 '무진'(武珍)은 냇골, 물들 따위로 볼 수 있는 친수지역임을 살필 수 있다. 위의 보기에서 치평동의 옛 이름 내정(內丁)에 대한 수수께끼도 풀어낼 수 있다. 본디 고무래 정(丁) 자는 성할 정, 장년남자 정이라고도 부르는 글자로 옛 글자 형태(전서)는 화살 표시(↑)같이 생겼다. 옛 광주 내정면은 장성 진원에서 비아(천곡)를 거쳐 흘러오는 구등천(九登川, 풍영정천)과 담양천, 광주천의 합강 지점에 있던 강물 범람지역 이름이었음은 이미 살펴보았다.

영산강 본줄기 중 담양 추월산의 용소골에서 시작해 담양읍 삼다리에 이르는 줄기는 강이 아니라 내라고 부를 물줄기다. 담양군의 여러 냇물이 합쳐지는 봉산면 서산리 앞에 이르러 비로소 강다운 모습을 갖춰 광주군 경계로 접어든다.

『대동여지도』는 내와 강의 구분을 한 줄 선과 두 줄 선으로 구분하고 있다.7)

본디 강(江) 자는 물 흐르는 내가 커져서 다리 등 인공이 가해지고 배로 건너가는 '큰 내'라는 뜻을 담고 있다.

영산강은 담양과 광주 경계에 이르러 강폭이 넓어져 징검다리나 섶다리, 노두, 보뚝으로는 건너다닐 수 없어서 나룻배를 썼다. 2012년 광주시립민속박물관이 펴낸 『영산강의 나루터』에는 광주의 첫 나루로 북구 용전동의 용산나루를 들고 있다. 오늘날 건국동에 흡수된 옛날 우치동(牛峙洞)에 용강(龍江)이란 동네가 있었다. 사실 영산강 줄기는

---

7) 김정호, 『전남의 옛지도』, 172쪽 참조.

이곳에서 시작된 이름이다. 용강리는 용주강으로도 나오고 이곳 골짜기에는 주경천(舟經川)이 있다. 민속박물관은 영산강 나루 흔적을 113곳에서 찾아내 책을 썼다. 광주 경계 안에 19곳, 나주 경계 안에 39곳, 무안 경계 안에 24곳, 영암 구간 19곳, 장성 구간 4곳, 담양군에 1곳으로 집계하고 있다. 장성에서 시작한 황룡강 하류는 오늘날 광주시역이므로 광주 나루 12곳에 광주광역시에 포함된 황룡강 나루 7곳을 합해 영산강 본 물길 중 광주 나루터는 19곳이다.

영산강은 여러 병목이 있지만 구 광주의 동문동 들목이 첫 병목이고 더 큰 병목은 광주시가 추진하고 있는 'Y-프로젝트' 지역인 본덕동 마곡과 석정동 농막 사이다. 조선시대 광주는 유림 숲 안의 작은 분지이고 고려 이전의 옛 광주는 좀 더 큰 분지이다. 풍수상 용어로 구 광주는 국(局)이 좁고 광역시 광주는 국이 넓다고 할 수 있다. 황룡강이 영산강에 합해지는 이 물목은 영산강 상류인 담양, 광주, 장성의 물이 모여 나주로 흘러가는 병목이다. 영산강 중류 지역에 홍수가 나고 나주로 바닷물이 밀려들면 3일간 송정 일대는 물바다가 되었음은 이미 밝혔다. 이 물목 아래에 승촌보가 생겼다.

본디 백제·신라 때 무진주는 오늘날의 전남 전역을 관할했지만 담양 창평과 나주 남평 및 옛 나주 평동(용산현)은 직할 영역이었다. 오늘날의 광주광역시는 창평과 남평이 줄어든 대신 나주에 속했던 광산구 송산교 위 옛 삼도 본양, 임곡, 동곡 출장소 구역을 포함하고 있기에 1천 년 전 무진고을 땅을 되찾았다고 할 수 있다.

지금의 전남과 전북 고창까지 1주 15군 113현을 거느린 무진주(武珍州) 도독 고을이 통일신라 때의 광주이다. 신라 말 성골의 맥이 끊기고 진골 성씨들이 싸우기 시작해 국정이 혼란하던 시절인 892년, 광주에서 진훤(甄萱)이 광주 사람들을 모아 혼란에 대비한다(본디 사람이나 성을 이를 때는 '진'이라 발음하고 지렁이란 미물을 이를 때는

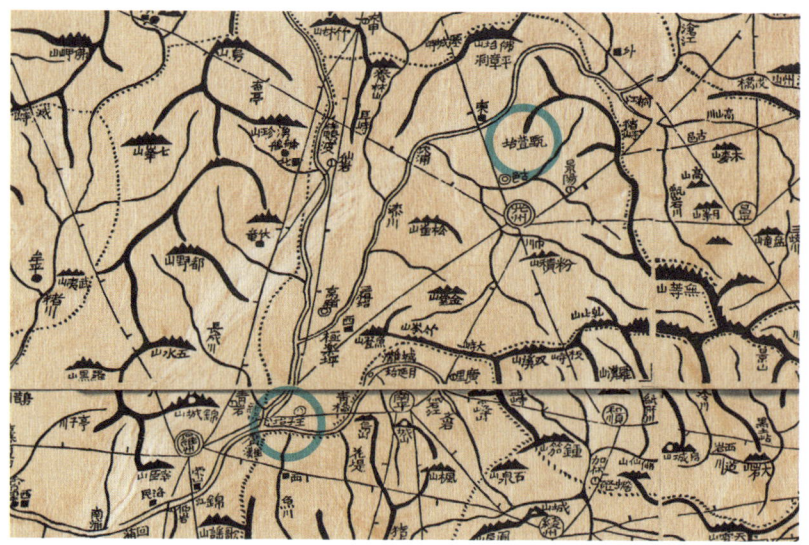

『대동여지도』에 표기된 왕자대와 진훤대.

'견'이라 발음한다).8)

903년 궁예의 부하였던 왕건이 영산강 중류 이하의 고을을 점령하고 911년까지 완주로 옮겨간 뒤 진훤군의 배후인 광주를 치는 바람에 여러 차례 싸움을 벌인다. 진훤은 왕건이 전남 연해안에 쳐들어오기 전인 900년, 이미 전북 완주로 근거지를 옮기고 후백제 건국을 선언했다.

왕건 군사들과 진훤 군사들이 싸웠다는 구전은 영암 덕진, 나주 몽탄, 나주 노안, 광산 삼도, 광주 등지에 널리 전해온다. 그중 광주의 구전지는 서구 벽진동 사월산과 북구 운암동 황계에 각각 왕자대와 진훤대로 전해온다. 이 두 곳은 김정호의 『대동여지도』에도 표기되어 있다(지도 참조).

---

8) '대자전' 참조. 김정호, 『후백제의 흥망』

48 요새의 땅, 광주 상무대

왕건은 통일 후 곧바로 정복지에 대한 대대적인 행정구역 개편을 단행한다.

고려 태조 왕건은 그가 진훤과 싸울 때 큰 도움을 준 그의 두 번째 부인 장화왕후(莊和王后) 오씨(吳氏)의 고향인 금산(錦山)군의 이름을 나주목(羅州牧)으로 바꾸고, 무진주에 속해 있던 고을 중 거의 절반가량인 1부 5군 11현을 나주목에 분속시킨다. 이때 왕건과 싸움을 벌였던 오늘날 광주인 무진주는 해양현(海陽縣)이라는 이름으로 바꾸고 나주 영현을 삼는다. 광주는 이때 고을의 격이 2등이나 강등되고 그 구역은 영산강의 샛강(支流)인 광주천변으로 축소시켰다. 그 범위는 장원봉을 진산으로 하여 화순너릿재를 지나 분적산을 거쳐 지석강에 이르는 동남쪽을 경계로, 북쪽은 군왕봉을 거쳐 삼각산과 대풀봉을 지나 영산강에 이르는 분지 지역이다. 이 가운데가 분적산에서 금당산을 거쳐 영산강변 서창들 농막 기슭의 등룡산 사이다. 이곳 장원봉 기슭에 광주 읍성이 있다. 읍성 북쪽으로 서방천이 흐르고, 서남쪽으로 광주천이 흐르는 작은 분지인 셈이다. 왕건에 대항했던 업보였다.

이 분지는 임동의 유림수(柳林藪)와 경양방죽 고목으로 북쪽 바람을 막고 있었다. 경양방죽 둑은 너비가 10m가량으로 고목이 가득 찼었다. 읍내는 홍수 때면 예술회관이 자리 잡고 있는 봉정산과 발산 끝 능선이 마주한 병목을 이뤄 광주천 주변은 물바다가 되기 일쑤였다. 이 병목을 지나 오늘날 동림동이라 부르는 곳은 광주천, 신안천, 군분천(백운동, 화정동을 지나 버스터미널로 흐르던 내)의 세 내가 용이 싸우듯 서로 머리 싸움을 하는 물구덩이가 되어 영산강 본 물줄기에 합류하는 동안 수없이 물길을 바꿨던 홍수 범람지대이다. 이곳 들녘의 유촌리나 광천동(신방), 평촌동 동네는 세 강의 토사가 쌓여 만들어진 강어구 삼각주 동네이다.

운암동의 진훤대

정사의 정통이라는 김부식의 『삼국사기』보다 일연의 『삼국유사』가 광주에서 기병한 후백제 태조 진훤(甄萱)에 대해 우호적인 기록을 남겼다.

김부식은 『삼국사기』에서 진훤에 대해 신라의 백성으로 일어나 신라의 관록을 받아먹었으나, 나라가 위기에 빠지자 이를 다행으로 여겨 경주를 침범하고 임금과 신하를 참혹하게 죽인 악마라고 기술했다. 이와 반대로 김부식이 한반도의 정통이라 여긴 왕건에 대해서는 신라 백성이었으면서 궁예의 부하가 되어 신라를 압박하고, 드디어는 그의 주군이었던 궁예를 몰아내고 고려를 세운 의로운 일을 행했다고 평했다. 신라의 마지막 임금이었던 경순왕은 왕건에 귀부하는 슬기를 베풀어 그의 외손들이 고려 왕통을 이었다고 자랑하고 있다.

김부식보다 140여 년 뒤 일연 스님이 쓴 『삼국유사』도 말미에 김부식의 평가를 그대로 싣고 있으나 진훤의 행적에 대해서 다소 온정적인 기술을 하고 있다.

김부식은 892년 진훤이 무주에서 병사 5천 명을 모으자 진성여왕이 그에게 "신라서면 도통도독, 상주국 한남군 개국공 벼슬을 내리고 식읍 2천 호를 주었다."고 기록했다. 이때 진훤에게 내린 벼슬 이름을 보면 전주와 무주, 공주 등의 통치권이 신라왕실에서 주어졌다는 걸 알 수 있다. 진훤이 스스로 신라에 반해 후백제왕을 자처한 것은 태생이 뚜렷하지 못하면서도 박예겸의 사위로 11살의 나이에 왕위에 오른 효공왕 4

년(900)이므로 이것은 광주 기병 뒤 8년 만의 일이다. 이 같은 상황의 변화는 경주의 사정을 깊이 관찰해야 그 정황을 판단할 수 있다.

진성여왕은 담양 남면 무등산 기슭에 그의 부모를 위해 석등을 세운 것을 보면 분명히 광주 기반의 여왕이었다. 그녀는 그의 오빠들인 헌강왕(재위 875~886)과 정강왕(재위 886~887)이 갑작스럽게 죽자 왕이 되었고, 숙부이며 남편이었던 김위홍이 여왕 등극 6개월 만에 죽자 실의에 빠졌다. 도처에서 반란이 일어나고 지방에 파견되었던 성골계 군주들은 휘하의 군대를 사병화하여 경주 왕권을 노렸다. 진성여왕은 재위 8년째 되던 895년 오빠 헌강왕의 사생아로 알려진 김요를 태자로 삼았고, 새로 등장한 경주실세의 시중 박예겸의 딸을 태자비로 맞아들였다. 진성여왕은 2년 만인 899년 6월 왕위를 겨우 11살의 조카 김요에게 넘겨주고 병을 앓아 누운 지 6개월 만에 죽었다.

신라는 사위가 왕위를 잇는 전통이 있었다. 소년 허깨비왕 효공은 26세의 나이로 죽고 사위였던 박경휘가 왕위에 오르니 그가 신덕왕 박씨이다. 560년간 지속했던 김씨왕조가 끝나고 박씨들이 왕권을 되찾은 것이다. 신라 말기의 혼란은 각처의 군주로 파견되어 토착 세력화한 성골계 김씨들의 반동 때문이었다.

철원 지방의 궁예가 먼저 일어나 상주 세력과 함께 개성과 경북 일대를 장악했다. 남서쪽의 변방 광주김씨 세력들도 이에 맞서 기지를 전북 완주로 옮기고 박씨왕조가 된 경주를 압박하면서 궁예 세력을 견제했다. 해군력을 기르지 못한 후백제 진훤군은 결국 궁예의 부하인 왕건에 의해 나주 이남을 장악당했다. 당시 광주 이남의 연안 사람들은 같은 해양 세력인 개성 출신 왕건에게 협력했다.

광주 세력 진훤은 경주에 진격해 박씨들을 숙청하고 광주 세력 신무왕(김우징, ?~839)의 후손 김부를 찾아 김씨가 왕(경순왕)계를 잇게 하고 후퇴했다. 그러나 경순왕은 나라를 진훤이 아닌 왕건에게 헌

개선사지 석등. 무주고을 무등산 기슭에 석등(보물제111호)을 세운 이가 진성여왕이라는 통설에 따른다면 그녀는 광산김씨 시조 김흥광의 5촌 조카딸이다.

납한다.

　필자는 관훈클럽에서 출판비를 지원받아 『후백제의 흥망』(2010년)을 썼다. 여기서 진훤이 이미 광주의 토착세력으로 성장한 김씨 집안 출신이었을 가능성을 여러 면에서 검토한 바 있다. 사실로 평장동 광산김씨 시조 김흥광이 김우징(신무왕)의 아들이었다면 경주 왕권이 박씨들에게 넘어가는 일은 견딜 수 없었을 것이라 보았다. 광주 사람들은 진훤이 기병하기 전 이미 광주도독을 지낸 바 있는 김헌창(金憲昌, ?~822)이 821년 반란을 일으켰을 때 그 반란에 동조한 바 있다. 제45대 왕위에 오른 김우징(신무왕)도 경주에서 왕권쟁탈전에 패하자 무주도독을 지낸 김양과 더불어 광주에 피신, 완도 청해진 장보고와 광주 토착김씨 세력들의 응원으로 왕위를 찬탈한 셈이다.

무주고을 무등산 기슭에 석등(보물제111호)을 세운 이가 진성여왕이라는 통설에 따른다면 그녀는 광산김씨 시조 김흥광의 5촌 조카딸이다.9) 진훤의 광주 기병을 본디 후백제의 건국에 뜻이 있었다고 보는 것은 나라를 지키지 못하고 패하고만 진훤을 헐뜯고 승자에 아첨하는 사이비 사가들 때문이다. 거짓을 엮어 역사라는 이름으로 쓴 글들을 무조건 신뢰해서는 안 된다.

필자는 진훤의 실체를 밝혀 보겠다는 생각으로 후백제 군사들이 싸웠다는 국내 여러 전쟁터를 답사했다.

상주에서 세력을 떨치다가 왕건에게 빌붙은 아자개(阿字蓋)와 진훤의 아버지 아자개(阿慈介)는 한자 표기와 그 근거지 자체가 다르다. 일부 위사(僞史) 사가들은 본디 진훤의 가계는 경주김씨로 진훤의 고모가 문무왕(文武王, 661~681)의 부인이었다는 황당한 가계표를 내놓고 있다. 그렇다면 진훤은 문무왕의 처조카가 되어 7세기에 살았어야 하는데 실제로는 2백 년 뒤에 활동한 인물이다.

김부식은 그가 쓴 『삼국사기』에서 진훤을 '천하의 악마'라고 규정한 뒤 이 거짓 사서를 믿는 모든 사람이 진훤과의 인연을 혐오하게 되었다. 그리고 그는 진훤을 경상도 가은 태생이라고 못박았다. 이와 반대로 일연 스님은 『삼국유사』에서 진훤은 광주 북촌에서 태어났다는 구전을 적고 있다.

『동사강목』을 쓴 안정복(1712~1791)은 진훤이 신라 사람으로 신라에 반기를 들고 신라왕을 자결시킨 흉인이라면, 고려 왕건은 자기 주군을 죽이고 왕이 되었으니 진훤보다 더 악인이지 않느냐며 김부식의

---

9) 김창겸은 진성여왕이 경문왕의 둘째 부인이라는 설을 주장한다. 「신라 開仙寺石燈의 건립과 '大娘主'의 정체」, 『신라사학보』 49호, 신라사학회, 2020. 8.

역사 기술을 나무랬다. 역사란 이런 것이다.

　명색이 후백제의 왕도였다는 전주를 가서 후백제 왕도의 터를 물으면 아는 사람이 거의 없다. 1992년 전주박물관장 전영래(全榮來) 씨가 후백제 왕도는 대성동 산25번지 동고산성(東固山城)설을 내놓은 뒤에야 보편화되었다. 전주시는 이곳 일대에서 이제야 왕도 흔적을 발굴하겠다고 나서고 있다. 성성룡 씨 같은 이는 후백제 왕성은 노성동에 있던 고토성(高土城)이고, 동고산성이나 남고산성은 방위성이라고 주장하기도 해 주목된다.

　광주 사람들도 진훤이 군사를 일으켜 8여 년간 세력을 키운 자리에 관심을 갖는 사람이 드물다. 필자는 정의란 언제나 승자의 것이고 역사란 승자에 의해 왜곡되는 것이라는 생각 때문에 5·18광주민주화운동 직후 관훈클럽에 출판비 지원을 신청해 광주에서 기병했다가 망한 진훤의 흔적을 더듬었다. 그는 경주 왕실이 위태롭게 혼란에 빠지자 그 혼란을 수습하겠다고 나선 광주의 의인이었다. 그렇지만 전남 서남해의 해안 세력을 다독이지 못하고 본디 해양 세력이었던 왕건에게 나주 이남을 장악당해 패망의 길을 걸었다. 다행히 '후백제의 한'을 정리하지 않을 만큼 5·18민주화가 성공을 거둬 나는 집필을 중지했었다. 관훈클럽의 지원금 반납 독촉을 받고 20년 만인 2010년, 형식적인 책을 인쇄해 납품한 책이『전라도의 한, 후백제의 흥망』이다. 2011년 10월 광주민속박물관이『남도, 영웅이 깃든 땅』을 내면서 '견훤대를 찾아서'(27쪽~43쪽) 두 번째 항목에서 진훤의 기억을 상기시켰다.

　많은 학자들이나 역사교과서가 후백제 태조를 '견훤'이라 쓰고 있으나 경북 가은 일대에서도 '진헌'이라 부르고 사당까지 모신 것과 대비된다. 견훤이란 이름은 '개 같은 전라도 자식'이란 비하 의도가 있으며 광복 후 시작된 진훤에 대한 그릇된 한글 발음일 뿐이다. '지렁이는 견이라 발음하고 사람은 진이라 발음'해야 한다. 오죽했으면 가은 출신 역사학자 이도학 씨는 1998년 『진훤이라 불러다오』(푸른역사 발행)라는 단행본을 냈을까. 서울대 김상기 박사나 경북대 문경현 교수도 진훤으로 읽기를 주장했다. 1976년 민족문화추진회가 간행한 『동사강목』도 진훤이라 번역했다. 경북교육위원회가 1984년에 간행한 『경북지명총람』도 경북 여러 곳의 진훤 관련 유적은 모두 '진훤성' '진훤산성' 등으로 쓰고 있음을 알아야 한다. 하물며 광주 사람이 견훤이라 부른다면 부끄러운 일이다.

광주민속박물관은 일반적인 기술에 따랐겠지만 '진훤대'의 위치에 대한 여러 오류를 지적하고 광주읍 황계면의 진훤대 기록을 소개하고 있다. 다만 박물관 집필진은 진훤대가 동림동의 대마산이었을 가능성을 제시하고 이 땅에서 박광옥, 임훈, 장유 등이 진훤을 상기한 글을 소개하고 있다.

황계면(黃界面)은 1914년 일제 행정구역 개편 때 극락면 운암리와 동림리가 된 조선시대 광주 고을 41개 면 중 하나이다. 이 황계면은 황계포란(黃鷄抱卵)의 명당이 있는 곳이라 하여 황계면(黃鷄面)이라 쓰기도 했다. 이 면에는 대자(大自), 대내(大內), 죽림(竹林), 동배(東背), 용산(龍山)의 다섯 동네가 있어서 작은 면이라 할 수 있었지만 1910년 이곳에는 235집 1,048명이 살았다는 기록이 있다. 동배와 죽림이 합해져 동림리가 되고 대자, 대내, 용산은 뒷산을 운암산(雲岩山, 131.3m)이라 불렀던 탓인지 운암동이라는 새 지명이 되었다.

1990년 이곳 동장으로 있던 김영헌 군이 350쪽에 달하는 『광주운암』이란 책을 냈다. 이미 『광주오치』(2003년), 『김덕령 평전』(2006년) 등을 낸 향토탐구자답게 나무랄 데 없는 향토지를 냈으나 아쉽게도 황계면의 진훤대에 대해서는 언급하지 않았다. 이곳 토박이들이 자기 조상들 얘기나 명당 얘기는 말하면서도 세상의 흉인으로 규정한 진훤과 관련 있는 땅이라는 사실은 기피한 탓이리라.

이 책에서는 '운암'이란 낱말에 대해 이곳에 해광 송제민(1549~1602)의 사우를 지을 때(1708년) 처음 나온 이름으로 돌산인 이곳 산이 자주 구름에 안기는 현상에서 비롯되었다고 풀이했다. 사실 이곳은 광주천 물이 휘젓는 개천가에 있어서 아침이면 안개가 자욱한 곳이었다. 어떤 이는 이곳이 운모(雲母)가 나오는 광산지대임을 예언한 지명이라고도 한다.

재미난 대목은 이곳에 성이 있어서 구루(溝漊)라 불렀다는 보기를 들어 구루가 구름으로 변했다는 주해를 달고 있다. 황계에 진훤이 군영을 쳤던 관청과 돈대가 있던'대자리'란 사실을 유추해 지목하지 못했다. 이곳 동네 이름 대내(大內)는 坮內의 오류이고 대자(大自)는 큰 성 대자(大尺·大城)를 뜻했음을 왜 생각지 못했을까. 광주 산수동에서 청옥동으로 넘는 고개는 잣고개이다. 이것은 척치(尺峙) 또는 성치(城峙)라고 써야 하지만 옛사람들이 까치 작(鵲) 자를 써서 작치(鵲峙)라 쓴 것과 같다. 죽림(竹林)의 대죽(竹) 자도 대(坮)를 잘못 쓴 지명사례

진훤대로 여겨지는 운암산(왼쪽)과 대마산(오른쪽)이다.

이다. 오늘날 이곳에 측후소라 부르는 기상대가 있다.

1760년대 간행한 『여지도서』에 보면 황계면은 읍 관아에서 20리 거리고 진훤대는 북쪽 15리에 있다고 했다. 이곳은 태조 왕건이 머무른 서쪽 왕조대와 마주하고 있다고도 했다. 본디 왕조대는 왕건대였으나 왕건은 고려의 태조라 왕조대로 바꿔 부른다고 덧붙이고 있다. 『광주운암』지는 황계면 면소가 대내(大內) 동네에 있었다 하고 '안몰' '황계'라고 부르기도 한다고 했다. '대내'란 성 안을 뜻한다. 이곳에 고려 말 광산이씨 한림공파가 들어와 세거지를 삼았다. 대촌의 이장동 이선제(李先齊) 집안은 상서공파라 하고 기축옥사로 큰 화를 입었으나 이곳 이씨들은 충효동 김덕령 장군 집안과 가까워 화를 입지 않았다.

『여지도서』의 기록으로 보면 황계면과 진훤대의 거리가 맞지 않지만 운암동의 여러 지명으로 볼 때 이곳이 '진훤대' 자리였음을 단정지을 수 있다. 광주 사람들은 이제라도 이곳에 그 흔적을 남겨야 한다. 광주 북촌 출신 진훤이 꿈꾸었던 삼국통일은 뜬구름[雲岩]이 되고 말았지만 광주가 낳은 유일한 왕이었음을 기억해야 한다. 상무대는 진훤대와 왕건대 중간에 있고 이곳 망덕산 기슭 동네의 이름 '노치'는 '옛성'을 뜻한다.

기억하기 싫은 후백제 기병

진훤이 남긴 해악이 얼마나 컸는지 살펴보기로 한다.

경산도 산청 출신으로 광주목사를 지낸 임훈(林薰, 재직 1580~1581)이란 자는 「진훤대」란 시에서 "교활함이 풍미하던 이곳, 지금은 높은 봉아리만 호젓하게 남아 있네… "하고 읊었다.

조선 왕조 성종(成宗, 1469~1494) 때 유독 후백제 사람들의 폐해에 대한 논의가 자주 나온다. 그가 왕위에 오른 지 6년째인 1475년 5월의 경연은 도적에 관한 법 시행에 대해 논의하는 자리였다. 나주목사를 지낸 시강원 이맹헌이 "전라도 인심이 각박하고 악하여 도둑이 무리 지어 일어나고 아랫사람이 윗사람을 능멸하는 일이 흔히 있습니다."고 운운하자 왕은 맞장구치는 말로 이렇게 말했다. "전라도는 옛 백제의 땅이라 백성들이 진훤이 남긴 풍습을 지금도 고치지 못하였으므로 그 풍속이 이와 같은 것이다."라고 말했다. 이에 동석해 있던 이극기는 "진훤 이후로 전 왕조 5백 년을 지냈고 조선이 개국한 지 거의 1백 년이 되었으나 남은 풍속이 아직 없어지지 않고 사람들이 사납고 고집스러우니 명심하고 교화하지 않으면 고칠 수 없을 것이다."라고 하였다.

성종 19년(1488)에도 전라도 민심에 대한 말이 좋지 않게 나온다. 사헌부장령 김미(金楣)가 왕에게 상소문을 올렸다. "전라도 1도는 옛 백제의 터라 그 유풍이 남아 있어서 완한(頑悍)한 풍속이 다른 도에 비하여 더욱 심합니다."하며 민심을 헐뜯었다.

성종은 당대 최고 권력자인 한명회(1456~1574)의 사위로 위차를 어기고 13살의 나이에 왕위에 올라 할머니의 수렴청정을 받은 인물이다. 선대왕 예종의 아들 제안대군(齊安大君, 1466~1575)은 네 살짜리 소년이고, 성종의 동복형 월산대군(月山大君, 1454~1488)은 몸이 허약하다는 핑계를 대며 한명희가 그의 사위였던 둘째 왕자를 억지로 왕에 추대했다.

성종이 전라도 민심이 진훤이 남긴 풍습 때문이라고 말한 1475년에 한명회를 견제하던 광주 출신 신숙주가 죽었다. 왕의 형 월산대군은 사육신으로 죽음을 당한 순천박씨 박팽년(1417~1456)의 10촌 손자 항열인 박중선(朴仲善, 1433~1481)의 사위였다. 박중선은 이시애의 난과 남이 장군 주살에 앞장서 평양군 군봉을 받은 무장이었을 뿐만 아니라 딸을 왕위에서 배제된 제안대군에게 시집보냈다. 이런 판국이라 성종이나 한명희는 늘상 전라도 사람들이 경계 대상이었다.

성종은 이처럼 경기도 장단 출신의 문신 한명회로부터 전라도에 대한 나쁜 인식을 이식받은 철없는 임금이었다. 성종의 맏아들로 왕위에 오른 연산군(1476~1506)은 결국 전라도 순천 출신 박중선의 아들 박원종(朴元宗, 1461~1510)에 의해 쫓겨나고 박원종의 이종조카사위인 중종(中宗)을 왕위에 올려 세웠다.

조선 건국 초 1백여 년간 전라도 출신이 아닌 신료들은 어전회의에서 공공연히 '훈요십조'를 들먹이며 전라도 사람들의 등용을 견제했다. 『태조실록』을 보면 태조 3년(1394) 2월 '고려 태조가 후손에게 전한 훈요십조에 따라 백제 사람을 쓰지 말라고 훈계하였는데 만일 후손들이 이 훈계를 제대로 지켰더라면 어떻게 전주 출신인 전하께서 왕위에 오를 수 있었겠는가.'라고 했다는 대목이 보인다. 이처럼 계속 견제를 받던 전라도 사람들의 정계 진출은 어리석은 중종의 기묘사화(1519년)와 그의 둘째부인 문정왕후가 저지른 을사사화(1545년), 겁쟁이 선조가 일으킨 기축옥사(1589년)로 막혀버렸다. 이 같은 끈질긴 지역 차

별과 폄하의 근원이 된 후백제의 존재와 기병을 전주나 광주 사람들이 어찌 스스로 기억하려 하겠는가. 만일 5·18민주화운동이 중도에 좌절되었다면 또 한 번 후백제의 인심이 오르내렸을 터이다.

역사는 진훤이 경북 가은 출신이었으며 전라도 군영의 비장으로 파견되어 지내다가 26살의 나이 때 반란을 일으켰다고 쓰고 있다. 신라에서는 군영을 정(停)이라 불렀으므로 무진주 아랫고을에 있던 미다부리정(未多夫里停, 밑동네)에 근무했음직하다. 호족사회였던 이 시기에 경상도 가은 출신 청년이 광주 사람들에게 후백제를 세우자고 선동해 한 달 만에 5천 군중을 모았다고 했다. 이런 주장은 5·18광주민주화운동 때 북한군들이 들어와 난동을 부추기자 부화뇌동했다는 지 모 씨의 주장과 같다. 광주 사람들은 신라 말기나 엊그제의 군사정권 시기나 매한가지로 쓸개도 없이 낯선 사람들의 선동에 놀아나는 지역 사람들이란 말인가. 실패한 역사를 기피하는 이 땅 사람들의 인심을 비웃는지도 모르는 지역 사람들이 한스럽다. 승리한 역사뿐만 아니라 패한 역사도 기억해야 한다.

경북 문경시 가은읍에 가면 후백제왕을 모신 동네 사당이 있다. 왕건이 가은 고을 사람들이 후백제 토평에 공이 있다고 '가선(嘉善)' 고을 이름을 '가은(加恩)'으로 고쳐 부르게 한 고을이다. 그런데도 이 고을 사람들은 후백제 태조 진훤 왕이 자기 고을 출신이라는 속설만으로 고을 신을 삼아 제사하고 있다. 광주 출신이었음직한 진훤은 정작 제 고장에서는 아무런 대접을 받지 못하고 있다. 이를 아는 가은 사람들이 광주를 비겁한 고장이라고 속으로 비웃을 것 같아 모골이 송연하다.

후백제 군사의 조련장

　필자는 40년 전인 1981년 〈광주일보〉에 '옛터'라는 역사기행을 쓸 때 당시 향토사학가로 활동하던 대전면 대치 이태희 씨와 매곡동 김창중 씨의 구술을 중심으로 생룡 뒷산 대풀봉(竹翠峰)이 진훤대일 가능성을 언급했다. 『대동여지도』에 보면 진훤대(甄萱坮)는 영산강 건너 동창(東倉, 월계동 내촌)과 맞바라보고 있어서 그때는 그 가능성에 공감한 바 있다. 『전남의 옛지도』를 간행하면서 비변사방안 지도의 위쪽에 적어놓은 연혁과 현항 편에 진훤대에 대한 언급이 있었으나 지도 자체는 낡아서 채택하지 않았다. 이 지도 상단의 주기 명산 항목에 "진훤대는 황계면(黃界面)에 있다."고 했다. 황계면은 오늘날의 운암동이다. 40여 년 전 신문에 연재한 진훤대 비정은 잘못이었다.
　『조선지지자료』를 보면 오늘날의 신창동이 된 마지면(馬池面) 모신리 박메들에 방목평(放牧坪)이 나온다. 1760년대에 만든 『여지도서』의 광주 고적 항목에 보면 "방목평은 진훤대 아래에 있다. 전하는 말에 진훤이 머물며 진을 치고 말을 기르던 곳이라 한다."는 대목이 나온다. 『여지도서』의 기록과 현재 지리에 차이가 있다. 진훤대 밑이라면 운암동이나 동림동 또는 상무대 들판이어야 할 것이지만

『여지도서』 광주 고적 항목.

운암산에 바라본 신창 들녘. 옛날 영산강 물길이 지금과 달리 신창동 쪽으로 흘렀다면

    영산강을 건너 마지면 들판에 방목평이란 땅 이름이 있다. 『여지도서』가 제작될 때 마지면과 황계면은 비록 경계를 같이하고 있지만 당시 운림촌은 마지면에 속해 있어서 헷갈린다.

    중국의 대운하를 주행하고 산동성을 여러 차례 방문한 뒤 광주천 하류의 물길을 살피면서 영산강 물줄기의 변화를 상상하게 되었다. 1937년은 85년 전이다. 이로부터 3년~4년 사이에 광주천은 오늘날과 같은 물길이 확정되었다. 1914년 전후 광주읍과 광주군지적원도를 보면 당시 광주천은 동운동 들목에서 광주천과 서방천이 한 줄기가 되어 운암동 예술회관 곁으로 흐르다가 어느 순간 머리를 틀어 쌍촌동으로 향했다. 다시 이 물줄기는 유촌동의 신촌동 쪽으로 돌아 지금의 광주시청 뒤 계수 동네에서 다시 고개를 틀어 유촌리 신촌 동네 아래로

이곳은 운암산 아래 한 들판으로 방목평일 가능성이 크다.

흘렀다. 이 물줄기가 신촌 동네를 한 바퀴 돌아 오늘날의 하수종말처리장이 된 평촌 북쪽 덕산 쪽으로 흘러 영산강 본줄기에 합해졌다.

    1937년 이후 이 물길은 극락강 직강 치수사업으로 인해 지금의 구시청 뒤 계수 동네에서 하수종말처리장이 있던 평촌 동네 서남쪽으로 직강공사를 하면서, 평촌 동네를 동북쪽으로 감고 돌던 강줄기가 동네 서남쪽인 마력리 경계로 우회하게 되어 광주천 북쪽 동네가 되었다. 당시 이곳이 광주부에 속하지 않는 광산군 극락면 극락천(본디 군분천)이었기에 광주시 하천과에서는 이 사업에 대한 기록을 찾을 수 없다. 전라남도 기록에도 명시되지 않아 오늘날의 영산강환경청마저 그 경위를 밝히지 못하고 있다. 80년 전 광주 지리 변화를 확인할 수 없는 답답함을 맛보았다. 2011년에 간행한 『광주도시계획사』 539쪽에서

상무지역의 지리와 역사 63

광주부 시절 하천정리사업이 소개되어 있지만 쌍촌리 일대 응급복구만 다루고 있다. 하는 수 없이 나는 폐쇄한 옛 지적도와 토지대장 들을 열람해 그 실마리를 찾아 별항으로 「극락강의 직강」 편을 정리했다. 극락강 직강공사 계획은 1933년 영산강치수사업 계획에 이미 나와 있으므로 이리지방국토관리청이나 영산강환경청 하천관리대장에 그 경위와 연혁이 나와 있을 것이나 이 기관의 실무자들은 기록이 없다고 시치미를 떼고 있다.

이처럼 동운동 고가도로 서쪽의 지형 변화를 살피면서 광주권역의 영산강 물줄기는 훨씬 더 여러 번의 변화가 거듭되었을 것이라 생각한다. 이처럼 시대에 따라 변화를 거듭했을 영산강 물줄기에 대해 학계의 관심이 전혀 없는 점에 놀라움을 금할 수 없다.

중국의 개봉(開封)은 하남성에 있는 송나라 때 유적이다. 오늘날 개봉시에서 송나라 때 개방 흔적을 찾으려면 20미터를 파들어가야 그 흔적이 나온다. 한때 송나라의 수도였으나 1642년 황하 물줄기가 이 도시를 덮쳐 30만 명이 죽고 도시는 20미터 두께의 모래로 묻히고 말았다. 현재의 모습은 1841년 이후의 건설로 이룬 성과이다. 이처럼 물줄기가 지형을 크게 변형시킨 사례를 생각하면 영산강 물매의 변형도 염두에 두어야 한다.

오늘날 풍영정천이라 부르는 진원~신창 간의 물줄기는 본디 구등천(九登川)이라 불렀다. 이 내는 어느 땐가 영산강 본줄기와 합해 흘렀던 시기가 있었을 것으로 보아야 한다. 황하가 양자강 쪽으로 1천 리 이상 꿈틀거리며 흘러 회하(淮河)가 되어 연운항 밑으로 흘렀듯이 영산강도 꿈틀거렸을 가능성이 많다.

마치 중국 송나라 수도였던 개봉이 어느 날 갑자기 황하가 달려와 모래더미 밑으로 파묻듯이 영산강 또한 같은 현상을 보였을 계연성을 나는 신창동 유적에서 느낀다. 신창동 유적은 2천 년 전후 유적으로 늪에 파묻혀 있다가 그 모습을 드러냈다. 2천 년 전 이곳 유적 곁으로 영산강이 흐르다가 어느 날 갑자기 물이 늘어나고 물줄기가 바뀌면서 신창동 유적지를 덮친 것이다.

강의 물줄기는 사람의 일반적인 상상을 초월한다. 홍수로 강물이 불어 솟구치면 바윗덩이는 물론 나무와 풀섶을 몰고 와 섬을 만들고, 이 섬 때문에 물길이 막히면 고개를 돌려 새 물길을 만들어 흐른다. 광주권역 영산강 형태를 눈여겨보면 담양천 물이 용강을 거쳐 흐르다가 삼소동에 이르러 고개를 틀고 있다. 이 물줄기는 다시 본촌동 들녘에서 월출동으로 고개를 돌리고 월계동 포산 근처에서 저항을 받아 고개를 또 튼다. 이 물줄기는 신창동 반월촌 북산에 부딪혀 또다시 고개를 틀어 운암동 동배 산의 저항을 받아 신가리 쪽으로 꿈틀이고 있다. 이 같은 관찰은 지금의 지형을 중심으로 한 것이지만 사실 홍수 때의 강물은 10~20미터쯤의 장애를 뛰어넘는다.

담양에서 흘러오던 강물은 삼소동에서 비아 곁을 흐르던 구등천과 합해졌을 수도 있다. 이를 사실로 받아들인다면 수완지구는 영산강과 구등천이 합해 흐르던 옛 영산강의 흔적일 가능성이 크다.

같은 논리로 신창동 유적은 영산강 물줄기가 지금처럼 산동교 쪽으로 고개를 틀어 흐른 것이 아니라 월봉산 동쪽 끝머리인 반촌동 쪽으로 흘러 신창동으로 흐르다가 어느 시기의 홍수 범람으로 물길의 머리에 토사가 쌓이면서 강머리를 돌렸을 가능성을 상정할 수 있다.

안타깝게도 우리 학자들은 시대에 따른 지형 변화를 살피지 않고 오직 어떤 장소에 대한 유물에만 관심을 갖는다. 나의 전제처럼 영산강이 지금처럼 운림동 산동교 곁을 흐르지 않고 신창동 쪽으로 흘렀다면 마지면의 매결 후백제 군주 진훤의 방목평은 지금처럼 영산강으로 운암동 들녘과 갈린 땅이 아니라 자연스레 운암동 진훤대와 한들녘이었을 것이다.

극락면과 치평동

광주 행정의 중심 동네 치평동은 1914년 아무런 연고도 없이 만들어진 이름이다.

오늘날의 치평동은 조선시대에 내정면(內丁面)이라 부르던 강변의 세 동네 중 평촌(坪村)과 하촌(荷村, 下村) 두 동네와 하촌의 언덕바지에 있던 군분면(軍盆面)의 노치(老雉)란 동네를 합해 만든 이름이다.

면 이름마저 조선시대 이름(내정면과 군분면)을 버리고 생뚱맞게 극락면(極樂面)이란 새 이름을 붙였다. 본디 광주에서 극락(極樂)이라 부른 땅 이름은 일곱 곳에서 흔적을 더듬을 수 있다. 먼저 일제가 조선의 식민화를 위해 1910년에 간행한 『조선지지자료』에서 찾아볼 수 있다. 이 자료는 2017년 광주광역시 문화원연합회의 의뢰를 받아 필자 이름으로 간행한 『100년 전 광주향토지명』에 실려 있다.10)

① 계촌면(현 남구 화장동) 농막 앞 강 이름
② 방하동면(현 남구 서창동) 창촌 앞 강 이름
③ 설도면(현 서구 세하동) 세동리 앞 강 이름
④ 방하동면(현 남구 서창동) 창촌에 있는 나루 이름 극락진(極樂津)
⑤ 마지면(현 광산구 신가동) 선창리 앞 강 이름

10) 『100년 전 광주향토지명』, 132쪽.

⑥ 우산면(현 광산구 우산동) 동작리 강 이름
　⑦ 갑마보면(현 북구 용두동) 용두리 강 이름

　앞의 자료를 보면 다섯 곳이 영산강과 황룡강 합류 지점에서 서창에 이르는 곳의 이름이다. 두 곳은 오늘날 신가동 풍영정에서 광주천 합류 지점에 이르는 옛날 칠천(漆川)의 별칭으로 쓰였음을 알 수 있다.
　1862년의 『대동지지』에 보면 '광주현 산천조'에 "극락진은 서 30리 거리의 옛 벽진을 이른다."고 했다. 이 벽진은 오늘날의 서창이다.
　1879년의 『광주읍지』에도 극락강 이름이 나온다. "극락강은 칠천이 극락원에 이르러 황룡강과 합해지는 대목의 강"이라 했다. 이 읍지에는 극락장, 극락교, 극락원(院), 극락진 등의 이름이 나오고 이곳은 모두 '서 30리에 있다.'고 그 위치를 설명하고 있다.
　『대동지지』나 『광주읍지』를 보면 극락강은 오늘날의 서창 일대 영산강과 황룡강 합류 지점을 이르고 있음을 알 수 있다. 다만 일본인들이 만든 『조선지지자료』에서만 옛 칠천을 극락강이라 불렀다는 흔적을 찾을 수 있으나 이곳은 오늘날 유덕동과 우산동 강변 이름이다. 일제 때 극락면은 유덕동을 흡수한 행정 구역이었으므로 극락면이란 연고를 주장할 수 있는 근거가 된다. 그러나 조선 중기 중종 때 영산강변에 지었다는 풍영정(風永亭)과 관련된 30여 명의 유학자들의 기문이나 시에서는 불교 용어라 기피한 탓인지 극락이란 이름은 찾아볼 수 없다. 오직 칠천(漆川) 칠계(漆溪) 등의 이름뿐이다.
　일본 사람들은 이곳 일대에 아무 걱정 없는 극락 세계를 꿈꾸었던지 1915년 지적대장을 보면 거의 80퍼센트의 땅을 일본인과 동양척식주식회사와 전남식산이 차지하고 있다. 그들은 1938년 이곳에 비행장을 건설했고 준공 이후인 1945년 일본군 광주시관구사령부 보충대 훈련장과 해군성 항공대 비행장을 꾸며 미군의 공격에 대비했다.

풍영정.

　오늘날의 치평동 이름은 1914년 일본 통치자들이 새로 만든 행정 동네 이름이다. 그 이전에는 평촌, 신촌, 하촌 세 개 동네를 면(面) 자를 약하고 '내정(內丁)'이라 불렀다. 내정이란 냇 안쪽이라는 뜻과 물이 합수하는 지점(고무래 丁)을 뜻하는 땅이름으로 이 지역은 홍수가 범람하던 지역이었다.

　일본 식민 통치자들은 1914년 황계, 덕산, 내정, 군분의 4개 면을 합해 극락면을 만들 때 내정면의 신촌은 독립시키고 평촌과 하촌, 군분면의 노치와 계수, 당부면의 마륵, 유촌의 리 일부를 합해 '치평(治平)'이라는 낯선 마을 이름을 만들었다. 일본 식민 통치자들은 읍내 중심 도로를 본정(本町·혼마치)이라 하고 오늘날의 금남로를 명치정(明治町)이라 하고 장동은 아시히(旭), 계림동은 쇼화정(昭和町), 대인동은 다이쇼(大正), 대의동은 야마도(大和)라는 일본 천황들의 이름을 붙여 그들 점령지임을 각인시켰다.

풍영정 현판.

　　마찬가지로 광주 들목의 요새 지역을 묶어 극락면이라 이름 짓고 그 중심 동네 이름을 '치평'이라 한 것은 중심(치주평천하)으로 삼겠다는 뜻을 담았거나 명치(明治) 천황이 평정한 땅이라는 뜻을 담았을 것 같다. 어쨌거나 이 이름은 전통 지명과는 상관이 없고 다른 통합 동네의 새 이름들이 통합한 두 동네에서 한 글자씩 따온 것과도 사뭇 다르다. 굳이 통합한 세 동네의 뜻을 잇자면 노치(老雉)와 평촌(坪村)에서 한 글자씩 취해서 치평(雉坪)이라고 했어야 한다. 이처럼 치평리(治平里)는 일본 통치자들이 그들의 맛에 맞춰 만든 동네 이름인데, 상무대를 떠나보낸 뒤 일제 강점기의 이름을 시청 소재 동네 이름으로 삼은 어리석음이 안타깝다.

내정면의 세 동네

1915년에 제작된 이곳 지적도에 당시 세 동네의 규모를 짐작할 수 있는 대지(垈地, 집터)들이 나온다.

가장 큰 동네는 1914년 유촌리로 독립한 신촌(新村)으로 105필지의 대지로 이뤄져 있었다. 이곳은 지금과 마찬가지로 광주천 북쪽으로 덕산 동남쪽 시내 방향에 있었다. 남동쪽은 물버들 숲으로 우거진 임야와 밭이 계속되고 강변 나루쟁이 주막은 '새암정자'라 불렸다. 이 동네 특산물은 들깨와 마포, 삼베였다. 두 번째 동네는 오늘날의 하수종말처리장이 들어서면서 없어진 평촌(坪村)이었다. 이 동네에는 거의 밭도 숲도 없이 논으로 둘러싸인 '수산들' 가운데 섬과 같은 마을이었다. 지적에는 54필지의 집터가 있다. 이 동네 가장 큰 성씨는 광주채(蔡)씨로 10호가 살고 있었다. 이 동네는 지금처럼 광주천이 동네 남쪽으로 흐른 것이 아니라 북쪽 덕산 쪽으로 흘러 광주천을 건너지 않고도 하촌이나 마륵리로 통해 치평리에 편입되었다. 이 동네 남쪽으로 광주천 물줄기가 바뀐 것은 1938년께 인위적인 굴착사업으로 이뤄진 것이다.

오늘날 시청 청사 뒷동네를 계수(桂樹)라 부르지만 쌍촌과 평촌 사이에 보가 있어서 이 보를 가수보(柯樹洑)라 했다는 기록이 있어 '가수'를 '계수'로 불렀음을 알 수 있다. 본디 본물을 끌어 쓰는 낱말은 한자로 계수(溉水)라 하였음도 참고가 될 것 같다.

이곳 광주천 직강사업은 1937년 이리지방국토관리청 치수사업 계

현재의 지도 위에 재현한 당시의 마을들.

획에 보이지만 1942년 새 하천으로 들어간 토지보상금이 지급된 것으로 보면 40년 전후 사업이 진행되었던 것 같다.[11]

1938년 조선총독부가 비행장을 건설하기 위해 평촌리의 채달묵(蔡達黙) 씨 논(370번지) 등을 사들인 기록으로 보아 이곳에는 비행장 건설 때 간이제방이 쌓여 있었던 것 같다. 첫 비행장 건설 때 절반 이상이 일본인 땅이었거나 동양척식주식회사 땅이었던 것을 보면 이미 이 일대는 허가 없이 일본인들에 의한 하천부지 개간사업이 진행되었다고 할 수 있다. 일본 광주 이주민들은 1910년 이전부터 이곳 일대 하천부지 개발권을 신청했었다.

11) '직강공사' 참조, 24쪽.

하촌(荷村)

내정면의 세 번째 동네는 종전을 앞두고 1944년에 시작된 비행장 제2활주로 사업 때 징발되어 흔적이 사라진 마을이다. 광주 지적원도에 보면 이 마을은 평촌이나 신촌과는 달리 해발 50m가량의 동산을 중심으로 집들이 들어서 있다. 대지 필수는 30필지이고 여러 성씨가 모여 살던 산성(散姓)촌이었다. 쌍촌리에 속한 노치(老雉) 동네에서 서쪽 400m 거리에 있던 아랫동네라 하촌(下村)이라고도 하고, 동네에서 200m 거리에 있는 내정방죽(內丁防築)에 연꽃이 많았으므로 '연방죽 동네'라는 뜻으로 하촌(荷村)이라 부르기도 했다. 이 내정방죽은 오늘날의 운천저수지다(쌍촌리 868번지).

내정방죽은 1792년의 『광산지(光山志)』에도 기록이 있고 1879년의 『광주읍지』에도 있다. 이곳 연방죽은 광주~송정 간의 큰길가에 있어서 연못 동쪽에는 노치 주막이 있었다. 서쪽에는 하촌 주막이 있었으나 일본인에게 팔렸다. 하촌은 구릉에 있었던 동네라 주변이 숲으로 가려져 있었다. 주변에 묘도 10기 이상 있었다. 이 숲과 묘지들은 모두 1944년 일본군에 징발되어 새활주로 매립토취장이 되고 말았다.[12]

평촌이나 신촌이 광주채(蔡)씨들 집성촌이었던 것과 달리 하촌은 여러 성씨가 몰려 있었던 산성촌이었다. 이 동네 사람들이 어디로 떠났는지는 찾을 수 없었다. 오늘날 이 동네는 흔적 없이 사라지고 동네 가운데로 상무연하로가 지나가고 있다. 동네 이름이 길 이름에 남아 있다. 길 이름은 2008년 12월에 고시한 도로명으로, 기점은 치평동 1259-7번지이고 종점은 1230번지 사이의 시청 광장 길의 서쪽 들목에 있는 연화로에 그 흔적이 남아 있다. 연화로는 치평동 1259-7에

---

12) 일본군에게 집터와 집을 징발당해 쫓겨난 사람들은 지적원도에서 찾아냈다. 동네 별단 참조.

연화로는 광—송 간 대로 남쪽 상무1동 우체국 왼쪽에서 시청 앞 내방로 큰길까지이다. 옛 동네는 상무자유로와 상무연하로가 교차하는 사거리 일대였다.

서 1203번지에 이르는 연장 1,162m의 도로 이름으로 시청 광장로와 시청로 사잇길이다. 연화 동네 중심은 1949번지였다. 알기 쉽게 설명하자면 연화로는 광—송 간 대로 남쪽 상무1동 우체국 왼쪽에서 시청 앞 내방로 큰길까지이다. 옛 동네는 상무자유로와 상무연하로가 교차하는 사거리 일대였다.

환지 후에 부여한 지번은 1249, 1250번지 일대다. 일본군은 이 동네 사람들을 쫓아내고 군용지로 개발했으나 2년 만에 망해 쫓겨난다. 이후 미군의 차지가 되었다가 1949년 한국군에게 인계되었다. 1952년 이곳에 상무대가 들어서고 1980년 지적 변경이 이루어지면서 이곳 동네의 옛 대지 지번을 없애고 356번지 잡종지로 통합했다. 이 땅은 다시 268~12번지로 통합된 뒤 1991년 광주시가 매입하여 택지로 개발했다. 죄 없는 이 땅은 또다시 환지라는 이름으로 지번이 바뀌어 옛 이름이나 옛 땅주인을 찾을 수 없게 변해버렸다. 1937년 이 동네 밑에서 유촌 쪽으로 낸 비행장은 1971년 폐기된 지적도에 그 흔적이 남아 있다. 앞으로 이 활주로를 중심으로 시청~상무역 간 지하도가 뚫릴 것이다.

하촌(아랫마을, 荷村)의 1915년 지적상 지번과 소유자

1) 302 박계준
2) 300 東拓
3) 303 山崎
4) 310 山崎
5) 312 野中
6) 335 정찬경
7) 336 박귀갑
8) 337 이신동
9) 340 박계준
10) 341 최인여
11) 342 김용삼
12) 343 김광숙
13) 345 최달선
14) 346 최경집
15) 347 정시현
16) 349
17) 350 김채오
18) 351 박계준
19) 353 김접수
20) 354 이판수
21) 355 한순표
22) 357 석만서
23) 359 박성중
24) 361 久保
25) 380 김경칠
26) 381 동척(東拓)
27) 382 정자근
28) 3884 정덕겸
29) 385 박지행
30) 386 김판조
31) 206 東拓

노치(老雉)

본디 노치는 쌍촌동에 속했으나 1914년 내정면의 신촌(유촌동)을 독립시키면서 내정면의 평촌과 하촌을 합해 치평리라 했다. 하촌과 노치는 직선 거리로 250m쯤이고 길을 따라 가면 400m쯤의 거리에 있는 '윗동네'였다. 노치 뒷산 망덕산 정상 높이가 76m쯤이고 30m쯤 아래에 노치 동네가 있었다. 노치에서 들 가운데로 내려가면 표고 40m 가량의 구릉에 자리 잡은 동네가 아랫동네인 하촌(荷村)이다.

1915년 지적대장을 보면 지목상 하촌이 30집이고 노치가 31집으로

동네 가운데로 운천로가 뚫리면서 하촌의 옛
땅은 흔적도 찾을 수 없게 되었다.

비슷하다. 하촌은 남쪽 운천저수지 곁에 8집의 '건너말'이 있었다. 마찬가지로 노치는 북쪽 쌍촌동으로 가는 길에 7집이 따로 있었다. 그러므로 쌍벽을 이룬 이웃이었으나 1942년 하촌이 쫓겨나고 집이 뜯길 때 같은 운명을 겪었다.

이 동네 지번은 치평리 50번지에서 168번지 사이로 중심이 되었던 집은 135번지 정발현 씨의 집이었다. 1974년 161~1번지로 모두 통합되어 전투병과교육사령부 터로 쓰였다. 상무대가 떠나기 전 1989년 3월 이곳 땅은 142번지로 모조리 통합되어 3만 2,181㎡의 큰 덩치가 되었다.

광주시가 인수하고 택지 개발 때 동네 가운데로 운천로를 뚫어 새 번지를 부여해 옛 번지의 땅은 흔적도 찾을 수 없게 되었다. 1971년 폐기한 지적도에 그 모습이 남아 있다. 5·18기념공원에 9집의 집터가 들어가고 길 밑의 현 1227번지와 1223번지에 4집 집터가 들어가 있다.

상무대는 1971년 군목(軍牧)과 군승(軍僧)을 뽑고 주요 군 주둔지에 교회와 절을 세웠다. 이때 전투병과교육사령부 남쪽 기슭인 쌍촌동 185번지에 상무대교회가 들어서고 망덕산 정상에 무각사를 지어 주말이면 상무대 장병들의 예배를 장려했다. 무각사의 전두환 기증 범종은 철거되었고 상대무교회는 1999년 기독교장로회 유지재단에 팔렸다.
　1915년 노치마을 대지 지번과 주인은 다음과 같다. 하촌과 달리 이 동네는 길 이름에마저 흔적을 남기지 않아 영영 역사의 뒤안길로 사라졌다.

윗동네(북쪽 쌍촌동 경계)

1) 28(19) 이희권　2) 29 정광엽　3) 32 정주인
4) 33 박원종　5) 34 이강열　6) 50 이석동
7) 54 조경현

본동네

1) 119 豊田　2) 127 이봉숙　3) 130 조일현
4) 131 서치국　5) 132 이석화　6) 133 정주임
7) 134 安藤　8) 136 조사원　9) 137 정주문
10) 141 이갑동　11) 143 조재현　12) 144 (日) 山根
13) 145 安藤　14) 146 최용현　15) 147 정윤월
16) 148 김옥수　17) 149 (日) 山根　18) 150 이계만
19) 151 이석수　20) 152 (日) 高田　21) 157 이석봉
22) 170 이석옥　23) 168 서군선　24) 169 정사현
25) 173 이경준　26) 189 동양척식　27) 198 松尾
28) 200 牧元　29) 206 동양척식　30) 155 홍난희
31) 115 김기일(주막)

평촌(坪村)[13]

이 동네는 광주시 하수종말처리장 자리에 있었다. 하수처리관리사업소가 문을 연 것은 1989년이지만 평촌 동네를 처리장 부지로 결정해 주민들을 이주시키기 시작한 것은 1985년이다. 일본 해외경제협력기금 221억 원을 빌려 1차 처리시설을 시운전한 것은 1991년이었다. 1915년 지적도를 보면 이 동네에는 54집이 살고 있어서 하촌, 노치 등 세 동네 중 가장 큰 동네였다. 광주채(蔡)씨가 10집, 광주이씨가 8집으로 쌍벽을 이뤘다. 본디 이 동네는 오늘날의 덕흥동 동 경계를 따라 평촌 동네 1km가량 상류로 광주천이 흘러 광주천 남쪽 동네였다. 1940년 상무생활폐기물소각장 끝머리에서 마륵리로 내 흐름을 바꾸는 직강공사로 광주천 북쪽 동네가 되어버려 덕흥 사람들과 교류하면서 살았다.

송정리에 기차역이 들어서고 광주 읍내로 통하는 신작로와 극락다리가 놓이기 전, 송정리 쪽 사람들은 북쪽으로 우산동 민둥산(독산·덕산) 고개를 넘어 우산동 동작 배나리에서 나룻배를 타고 영산강을 건너 평촌으로 들어왔다. 그래서 평촌에는 영산강 건너 광주 읍내 들목 동네로 덕흥으로 가는 길과 운천저수지로 가는 길, 그리고 신촌을 거쳐 읍내로 들어가는 사거리가 있었다. 이 동네 영산강변 1018번지 숲에 광주 읍내 사람들이 제사를 지내던 용진연소가 있었다. 광주 읍내 관리들이 춘추로 제사를 지내던 제터이다. 내정면 시절 면사무소는 유촌동이 된 신촌에 있었다. 내정이라 할 때는 하촌동네를 뜻하기도 했다. 이 동네 사람들은 대부분 시내로 옮겨가 덕흥이나 유촌에서는 이 동네 출신을 찾을 수 없었다.

---

13) 1985년에 하수종말처리장 건설로 철거.

2장
상무지구 현장

아직도 가야 할 길은 멀다. 광주 시내 군사 유적지는 22곳이고 생산유적지는 27곳이라고 한다. 일제 식민지 시절의 생활 터전 모두를 식민 흔적이라고 할 수 있다. 불행스럽게도 우리는 일본 식민 시절의 흔적 위에서 살고 있다. 그 흔적 위에서 어떤 활동을 해 왔으며 앞으로 어떻게 활동할 것인가는 우리 세대의 과제이다.

상무지구는 일본 해군성 항공기지

1938년 5월 15일자 〈매일신보〉를 보면 사회부장 김기진의 광주비행장 시험비행 동승기가 실려 있다. 김 부장은 5월 14일 12시 5분 서울 여의도비행장을 출발해 1시 45분 이리비행장에 도착했다. 우편물을 내려놓고 10분 뒤 광주로 향했다. 그는 모인 관중이 10만 명에 이르렀다고 했다. 김 부장이 탄 조선항공사 소속 비행기의 기종은 3인승 경비행기(복엽기, 가스전식 K·R-Ⅱ형, 150마력, 시속 170km)였다.

이 시승 비행기의 조종은 나주 출신 박봉지(1910~1944) 비행사가 맡았는데 광주비행장 환영식에서 조선항공사 신용욱(愼鏞頊, 1901~1961) 사장과 함께 꽃다발을 받았다. 신용욱 사장은 고창 출신으로 1922년 일본에 건너가 비행 기술을 익혀 조선항공사를 창설했다.

1929년 고국으로 돌아온 신용욱은 조선비행학교를 설립해 1년 6개월 코스의 비행사 훈련에 나섰다. 1935년 비행학교를 신항공(愼航空)사업사로 개편한 다음 같은 해에 곧바로 조선항공사업사로 이름을 바꿔 조선총독부의 시험비행, 어군(魚群)탐지, 신문 수송 등의 사업을 했다.

광주시험비행에 나서기 전 이미 일본항공이 1929년 서울~대구, 서울~평양~신의주와 일본~울산을 운항하는 허가를 받아 영업하고 있었으므로 조선항공사업사는 일본항공이 취항하지 않고 있던 서울~이리~광주~제주 노선의 개척에 나섰던 셈이다.

광주비행장의 추진 경위

서울~광주 노선은 이미 1929년 9월 3일 일본인 비행사 니시오(西尾三郞)가 시험비행을 해 그 가능성이 입증되어 있었다. 신용욱이 개설한 조선항공사업사는 흔히 신항공사업사라고도 불렀다. 그는 36년 이미 서울~이리 간 정기항로를 허가받아 운항하고 있었으므로 광주 연장 노선은 2년 만에 이룬 셈이다.

말할 것도 없이 광주비행장은 지역 개발이나 운송 문제보다 일본의 전략적 군사 필요성에서 추진되었던 것 같다.

1929년 2월 21일자 〈경성일보(京城日報)〉 보도를 보면 평양에 주둔하고 있던 일본비행대 제5연대장 와다(和田) 비행소좌가 호남의 비행장 적지를 살피기 위해 2월 18일 광주에 와서 비아면 일대를 돌아본 적이 있다. 이보다 4년 앞서 일본 평양항공대는 전남지방비행장 후보지로 송정리 강변을 적지로 보았다. 같은 해(1925년) 10월 제20사단 유다(引田) 사단장도 육로로 경남을 거쳐 순천~광주를 둘러보고 비행장 후보지로 송정리를 지목한 바 있다.14)

앞서 말한 니시오는 이 같은 분위기를 파악했던지 일본항공의 조선 내 운송 허가를 내주자 같은 해에 총독부 체신국에 서울~광주 간 시험비행 허가를 신청했다. 그는 1929년 9월 3일 드디어 서울~송정리 간 첫 시험비행을 했으며, 이달 3일부터 9일까지 세 차례에 걸쳐 무사히 시험비행을 마쳤다. 그러나 이 노선은 무슨 이유였던지 허가되지 않고 말았다. 그동안 많은 기록들이 1920년대에 광주에 비행연습장이 있었던 것처럼 말하고 있으나 이는 잘못 전해진 것이다.

니시오가 뜨고 내린 비행활주로는 송정역 곁 황룡강 모래밭이었다. 이듬해인 1930년 5월 들어 광주 우체국장은 총독부 체신국의 지시라

---

14) 〈경성일보〉, 1925. 10. 11.

면서 광주상공회에 비행장 적지를 선정해 줄 것을 요구했다. 6월 들어 광주상공회는 경양방죽을 일부 매립하고 준설하여 비행장을 만들면 좋겠다는 회신을 보냈다.

일본 육군항공대가 추진한 전라도군사비행장은 중일전쟁이 일어난 1937년 전북군산 옥서면 선연리로 결정났다. 말할 것 없이 같은 해 급작스럽게 추진된 광주비행장도 다른 목적이 있었던 듯하다.

군산비행장은 일본~상해와 남경을 잇는 중간 기착 비행장으로 기획되었다. 1940년 9월에는 일본 후쿠오카 다치아라이(大刀洗) 육군비행학교 군산분견소 설치 칙령이 내려졌다. 일본의 미국 하와이 진주만 공격이 시행되기 직전으로 군 비행사 양성이 시급했기 때문이다.

일본 육군은 1933년 소년병 훈련제도를 시작, 만 15세에서 17세의 소년들을 3년간 교육시켜 하사관으로 임명했다. 일본 국내에서 육군보다 4년 앞서 시작(1929년)한 해군 소년병 훈련제도는 대동아전쟁 말기인 1943년에 광주비행장에서도 실시했다. 전쟁 말기 일본은 중학교 졸업자에게 교육 1년만에 비행사 을종 자격을 주는 속성과를 운영했다. 이 비행사들은 1944년 10월 이후 시행한 가미가제 자살특공대 비행사로 차출했다.

이 육탄돌격항공병은 광주 출신 중에서는 찾아볼 수 없지만 군산비행장 출신 중에서는 2명의 희생자가 나왔다. 이 같은 경과를 살펴보면 일본총독부는 처음에 군사 겸용을 전제로 광주비행장 개발에 착수했으나, 중일전쟁 뒤 군산비행장의 활용도가 높아 광주비행장은 태평양전쟁이 격화되면서 1941년 비로소 민간항공사업을 중단시키고 해군 소년비행사 양성장으로 전환시켰음을 알 수 있다.

흔히 옛 노인 중에서는 광주비행장이 '요카렌(予科練, 일본 해군성 소속 소년항공요원 지망생)'을 양성했던 곳이었다고 말한다. 오늘날의 상무지구 일부 토지에는 이 시절 일본 해군성이 사들이거나 징발했다던 역사가 묻혀 있다. 치평동 토지대장을 열람하면 1938년 전후 해군성이 사들인 땅에 대한 기록이 나온다.

비행장에 대한 열망

1903년 12월 17일 미국 노스캐롤라이나주 키티호크 해안에서 지구상 최초로 가스발전 기관을 장착해 하늘을 나는 시험비행이 성공을 거뒀다. 이곳 가까이서 자전거 점포를 운영하던 라이트 형제의 성공은 몇 년 되지 않아 그 비행 원리가 전 세계에 소문났고, 1914년 벌어졌던 1차 세계대전 때는 수십 종의 비행기가 하늘을 떠돌며 전쟁에 투입되었다.

전쟁이 끝나고 군용이었던 비행기들이 개조되어 1919년 처음으로 네덜란드에 FLM이라는 민간항공사가 탄생했다. 이듬해 이 회사는 런던~암스테르담 정기 항공을 운항했다. 독일과 프랑스에도 1919년 민간항공사들이 문을 열었다. 일본에는 1920년 일본항공(ANA)이 여객 운송사업을 시작했다. 이 일본항공은 1929년 조선에 진출했다.

2차 세계대전은 항공기의 싸움이었다. 레이더, 전차, 잠수함 등 많은 전략 무기가 개발되었으나 미국이 개발한 B-29폭격기가 결국 일본을 손들게 했다. 라이트 형제의 비행기는 고작 12마력짜리 엔진을 올린 총 무게 174kg의 목제 쌍발기였다. 그 이전에 개발된 행글라이더가 인력과 바람에 의해 비행한 것에 견주어 바람을 역이용했다는 점에서 라이트 형제의 발명은 항공계의 비약적인 발전을 가져왔다.

1912년 조선 사람들은 소문으로만 들었던 하늘을 나는 비행기를 처음 구경하게 된다. 일본 나라현의 하라산지(1877~1944)가 비행기를 몰고 경성에 나타난 것이다. 1914년에는 일본인 다카죠가 용산 상공에서 시험비행을 했다. 1917년 미국인 아트 스미스는 여의도 모래사장에 비행기를 착륙시켜 구경거리가 되었다.

박봉지 비행사.

광주 사람이 처음 비행기를 본 것은 1924년 2월 10일

1922년 12월 10일, 안창남(安昌南, 1901~1930)이 조선 사람으로는 처음으로 일본에서 서울 여의도로 향하는 귀국 비행을 성공시켰다. 이때 모인 구경꾼이 5만 명에 달했다고 〈동아일보〉는 보도했다. 그는 1924년 중국으로 망명, 독립군들에게 비행 훈련 중 추락 사고로 숨졌다.

장흥군 대덕면 진목리 출신 이상태(李相泰, 1901~?)가 1924년 2월 10일 광주, 나주를 거쳐 목포 해안에 도착한 귀향 비행 때 광주 사람들은 처음 비행기를 보았다. 두 번째로는 이듬해인 1925년 4월 10일, 일본 육군 평양비행대 소속 비행기 3대가 당시 나주군에 속했던 평동의 황룡강에 내렸을 때다. 평양비행대 비행사들은 이틀 밤을 송정과 광주에 머물다가 18일 평양으로 돌아갔다.

세 번째는 1929년 9월 3일 일본인 비행사 니시오가 송정리 인근에 있어 수영장으로 쓰이던 황룡강 모래사장에 정기항로 개설 시험비행 차 왔을 때이다. 니시오는 세 차례나 서울~송정리 간 시험비행을 해 광주 지역 사람들은 비행기에 대한 갈증을 풀었다.

1935년 10월 8일에는 나주 출신 박봉지(朴奉祉, 1910~1944)가 서울에서 나주로 비행기를 몰고와 영산포 이창동 강변에 착륙해 고향 부모와 주민들의 환영을 받았다. 박봉지는 일본에서 비행기를 몰고 울산을 거쳐 고향으로 가려고 했으나 울산 비행장 착륙 때 비행기가 고장 났다. 그는 하는 수 없이 서울로 올라가 신용욱이 운영하던 조선비행학교를 찾아가 그에게 학교 비행기를 빌려 타고 고향에 갔었다.

박봉지는 이 인연으로 1936년 신용욱의 제의를 받아들여 일본에서 귀국해 신항공에 입사했다. 1938년 5월 신항공이 실시한 서울~이리~광주 시험비행의 조종도 그가 맡았었다. 박 조정사는 일본의 동지나 해침략전쟁에 동원되어 순직했다.

1930년대 비행기들은 70마력~230마력 엔진이었을 때라 시속 170km가 고속인 시대였다. 이런 속력이었기에 300m가량의 모래사장이나 들판이라면 비행기의 착륙 활주로로 사용할 수 있었다. 나주에서는 영산포 강변이 활주로로 이용되었고, 송정리에서는 평동의 황룡강변 운작개들이 활주로로 이용되었다.

광주비행장의 착공과 준공

앞서 밝혔듯이 1930년 5월 광주 우체국장은 총독부 체신부의 지시라면서 광주상공회에 광주에서 비행장 후보지를 선정하라고 요청했다. 지금의 상무대는 당시 광주군 극락면 땅이었고, 광주부의 행정구

나주·영산포 이창동 착륙기념(사진 : 나주문화원장 윤여정 제공).

역이 아니었다. 광주상공회는 숙의 끝에 광주 경양지 중 2만 평을 준설하고 매립해 비행장을 만들자는 의견을 제시했다. 총독부는 이 제안에 답을 주지 않았으나 결국 경양방죽의 70% 이상이 1940년에 매립되고 말았다.

송정리 상공인들은 계속 송정리에 비행장을 세워 달라고 건의했으나, 1937년까지 별반 진척이 없었다. 1937년 일본은 중국 침략전쟁을 시작했고, 그 전쟁은 날로 확대되어 한반도가 전략적 전진기지로 떠올랐다. 1937년 10월 총독부는 군산비행장과 광주비행장의 건설을 서둘렀다.

1937년 10월 조선총독부는 광주군 극락면 영산강변에 비행장을 건설하라고 긴급 지시했다. 10월 9일 광주 군수는 후보지인 극락면 치평리 하촌동네 땅 91,263평의 주인 30명을 소집했다. 이곳 하천 부지는 그때까지는 공공 호반공사가 되지 않아 홍수 때면 범람하는 강변 땅이라 대부분 일본인들이 불법으로 점유해 논둑을 만들어놓은 잡종지나 다름없었다. 이 땅들은 대부분 일본인들과 동양척식 및 전남식산의 소유라 반대 없이 순응했다. 그날 회의에 참석한 지주는 23명으로 평당 50전에서 1원 50전으로 평가, 평균 90전에 매매계약을 끝냈다. 회의 불참자나 일본 거주자는 11월 6일까지 계약을 끝냈다.

매매계약이 끝나자 총독부 체신국 항공과 설계 기사가 파견되어 벼락치기 설계를 끝냈다. 11월 18일 공사 입찰이 있었다. 서울에 주소를 둔 일본 토건업자 3명이 응찰했으며 오오에(大江俊村)의 회사가 9만 9백 원에 낙찰받았다. 5일 뒤인 11월 23일 현장에서 기공식이 열렸다. 1938년 4월에 완공하기로 했으나 설계가 바뀌는 바람에 6월 16일에야 토목공사를 끝내고 시설물 입찰에 들어갔다.

비행장 사무소 47평짜리는 오오에 회사가 맡고 측후소 겸 우체국, 세관 등이 들어설 건물 85평짜리 2층 콘크리트 건물은 서울업자 미노

가키(三垣)가 맡았다.

서울~이리 정기항로 노선을 광주로 연장하는 노선을 허가받은 신용욱 항공사업사의 시험비행은 활주로가 준공되기도 전인 1938년 5월 14일에 실시되었다. 정식 광주비행장 개장식은 건물 2채가 완성된 1939년 11월 15일에 열렸다.

활주로 건설 도중에 노치마을과 마륵리 사이에 있던 하촌 동네 동산 6,472평을 사들여 토취장으로 썼다. 사업 추진 과정에서 계속 주변 땅을 사들이고 호반 공사로 잡종지를 포함시켜 준공식 때 토지는 12만 평으로 늘었다. 당시 신문들은 광주비행장 건설에 35만 원의 예산이 들었다고 보도했다.

1938년 4월 7일자 〈매일신보〉는 서울~광주 간 주 3회 운항을 명령항로로 선정, 1년에 34,777원을 보조하기로 했다고 보도하고 있다. 신항공(조선항공사업사)은 처음에 1936년 10월 서울~이리 간 주 1회 운항 허가를 받은 뒤 1937년 9월 주 2회로 늘렸고, 1938년 5월 광주시험비행을 계기로 주 3회 운항을 의무화했다.

당시 항공기는 일본제 4인승이었으므로 전남 상인들은 비행기를 6인승으로 바꾸고, 출발 시간을 오후 1시 30분에서 오전 8시 30분으로 바꿔 당일 서울에서 일을 보고 오후 비행기로 돌아올 수 있도록 조정해 줄 것을 건의했다.

1939년판 일본항공연감을 보면 당시 신항공은 13대의 비행기를 보유, 어군 탐지, 유람 비행, 용역 비행 등을 하고 있었으며 따로 여객운송기 8대를 보유하고 있었다. 1945년 7월 일본 해군성 자료를 보면 광주비행장 부지가 33만여 평으로 확대되었으므로 개장 이후에도 꾸준히 부지 면적이 확대되었음을 알 수 있다. 등기부를 열람하면 1942년에도 일본 해군성은 비행장 주변 땅을 사들여 명의를 변경했음을 살필 수 있다. 이때 이미 일본군은 화정동과 벽진동에도 비행장용 토지를 징발했었는데 광복 후에는 한국군 군사시설지구가 되었다.

1992년 광주시가 국방부에서 인수한 상무지구 군용부지는 54만 평이므로 광복 후 국방부에 의해 다시 확장된 부지가 20여만 평에 달했음을 알 수 있다.

광주비행장의 군용 징발

광주비행장은 앞서 살핀 바와 같이 조선총독부 체신국 산하 민간용 비행장으로 개장했다. 개장 당시 공항장은 일본인 야마우치(山內)였고, 측후소장은 가와무라(河村濱)였다. 공항사무소에서는 세관 업무도 보았고 측후소는 전신 업무를 겸했다.

1937년 청일전쟁을 시작한 뒤 이듬해 국민총동원령까지 내린 일본은 세계대전을 준비한 뒤 1941년 12월 7일 미국의 진주만을 기습공격하고 선전포고를 했다.

일본은 이 같은 전쟁 확대에 대비해 1940년 조선 국민들에게 창씨개명을 강요하고, 황국신민을 강제했으며, 1941년에는 공출제도를 실시했다. 1941년 진주만을 공격하고 1942년에는 싱가포르와 마닐라를 점령한다. 그리고 이들은 이러한 행위를 태평양 일대의 유럽 식민지를 해방시키는 대동아전쟁이라고 선전했다. 싱가포르 점령 기념으로 고무공을 조선 학생들에게 선물로 나눠 주면서 초등학생들까지 전쟁 준비에 동원했다. 민간항공마저 징발해 그 종사원들을 군속으로 편입시켰다. 이에 따라 체신국 광주공항은 군용비행장으로 바뀌고 해군성 항공연습 기지가 된 것이다.

상무지구에 묻힌 식민 시절의 역사

일본은 1941년 12월 미국 하와이 진주만을 기습하기 1년 전인 1940년 9월부터 육탄공격비행사를 양성하는 다치아라이(大刀洗) 육군비행학교를 개설했다. 이 훈련장은 후쿠오카에 본교를 두고 조선 반도의 대구와 군산에 분교를 두었다. 이 학교는 중학교를 졸업했거나 3년제 소년비행학교 졸업생들을 입학시켜 1년 속성 과정으로 양성했다. 전황이 나빠지기 시작한 1943년에는 단기속성과까지 두고 2만 명의 비행사 양성에 들어갔다.

상무지구의 체신국비행장은 1941년 들어 민간 항공운항이 중지되었고 이듬해 해군성 항공기지로 징발되어 해군 소년병 비행사 양성기관이 되었다. 일본 해군은 육군에 앞서 1929년 소년 항공사 양성에 나서 보통학교 졸업생(15~17세)을 입교시켜 3년의 교육과정을 거친 후 하사관으로 입대시켰다.

이 비행학교는 1942년 들어 2년으로 훈련 시간이 단축되었다. 중학교 졸업자들은 1년 훈련만으로 자격증을 발급하여 전쟁에 동원했다. 군산비행장은 육군에 소속되어 비행사를 양성했고, 광주비행장은 해군 항공사를 양성했다. 일본은 해군과 육군 통합기구가 없이 서로 치열하게 경쟁했다.

일본 아시아역사자료센터 자료에 따르면 광복 직전 광주항공기지 총 면적은 110만㎡이고, 활주로 길이는 1,500m였다. 이를 보면 당초 1937년 조성한 비행장 활주로 900m보다 크게 늘었고 활주로 방향도 바뀌었음을 알 수 있다.

광주항공기지의 덮개가 있는 벙커의 수는 18개였다. 2.5km 거리인 화정동에 3.55㎡ 규모의 유류저장동굴과 벽진동 사월산 기슭에 3.25㎡ 규모의 폭약저장동굴 2개가 있었다.

당시 훈련용 비행기는 3대, 전투연습기는 2대였다. 비록 비행기는 5대뿐이었으나 자동차, 살수차, 소방차, 구호차 등은 20대나 있었다.

2채의 청사 외에 사관생 숙사 1채, 병사용 숙사 12채, 공장건물 8채, 창고 10채, 전신소 3채, 병실 2채 등 43채의 건물이 있었다. 물은

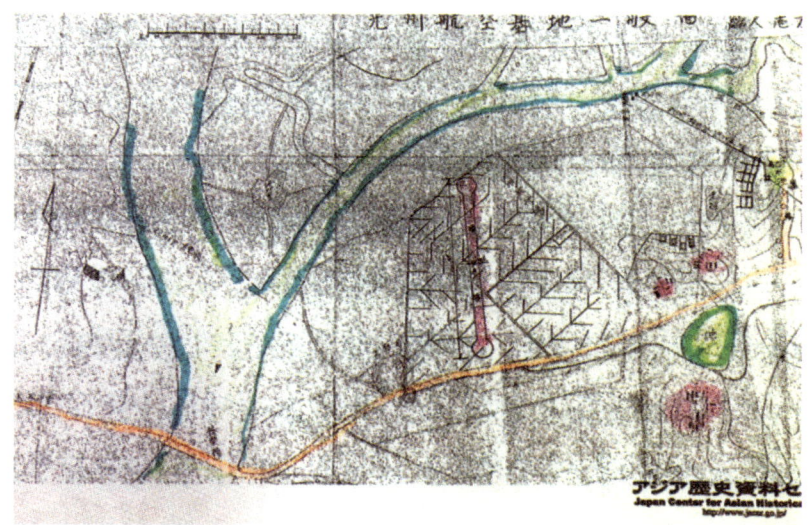
일본 아시아역사자료센터의 당시 광주공항기지 일반 도면.

극락강(계수)에서 오늘날의 무각사가 있는 망덕산(여의산)으로 양수하여 배수지를 조성해 사용했다. 이 물은 화정동 병원과 금호동 유류저장동굴에까지 보내졌다. 이 자료의 도면을 보면 광복 직전의 활주로에서 500m 북쪽에 처음 조성한 1937년 때의 비행장 표지가 따로 있다.

역사의 장소마다 표지석이라도 남겨야

이를 보면 금호동 중앙공원의 동굴이나 벽진동 사월산 동굴은 이미 이때 일본군용으로 뚫은 것을 알 수 있다. 일본은 진주만을 기습공격한 뒤 계속 미군에 밀리다가 1944년 7월 사이판섬 전쟁에서 22,000명의 전사자를 내면서 위기에 몰린다.

미국은 B-29폭격기를 동원해 일본의 수도 도쿄를 폭격하기 시작하고, 1945년 6월에는 오키나와를 점령했다. 전남의 연해안에도 호주 비행기와 B-29폭격기가 나타나 폭격을 시작했다. 1945년 5월 7일 제

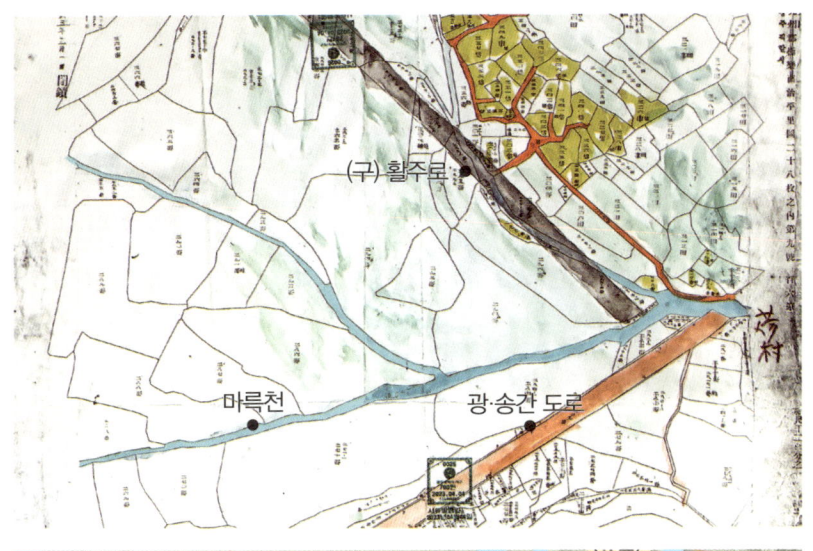

지적도에 그린 활주로(위).
도면을 참조해 현재의 지도에 재현한 활주로(아래).

주도에서 750명의 승객을 싣고 해남으로 향해 중이던 고와마루(배)가 완도 횡간도 앞바다에서 폭격을 받아 500여 명의 승객이 사망했다.

일본은 조선 반도를 최후의 본토 방어를 위한 보루로 삼기 위한 비상계획을 세웠다. 남해안에 150사단 부대를 배치해 방공호 1백여 개를 파도록 강요했다. 1945년 5월 진도 가사도에 15개의 동굴을 팠다. 전남 연해안과 섬에 판 동굴들은 병참 기지용도 있었지만 반수 이상이 비행기에 폭탄을 싣고 미국 군함에 육탄 공격을 했듯 소형 선박에 폭탄을 싣고 미군 함정에 돌격하는 유인 어뢰형 자살결사대 대기 동굴들이었다.

일본은 자살특공대 출격으로 죽은 5,845명의 위령 기념관을 일본 가고시마 치란(知覽)에 세우고 특공평화관이란 이름으로 추모 관광객을 맞고 있다. 이 특공대 중 1,897명은 해상특공대 자폭자다. 일본의 전쟁기지로 쓰인 치평동에 한국의 상무대가 들어섰고, 그 자리가 오늘날 광주시청이 있는 상무지구다. 이 유적은 과거 기억의 표지를 남겨야 한다. 유적과 유물이 가장 확실한 역사의 증표가 되기 때문이다.

지적도와 지적대장에 나타나 있는 1차 비행장 부지 매입토지는 치평리 506번지(동양척식 소유), 370번지, 369번지, 595번지, 521번지, 609번지, 610번지, 518번지 등이다.

하촌 동네 북쪽의 묘지 408번지는 1938년 3월 29일자로 해군성이 샀으나 부지매립에 썼던 것 같다. 2차 활주로인 신 활주로 부지는 1944년 말부터 일본 해군성에서 산 것으로 토지대장에 등재된 땅은 444번지, 445번지, 446번지 등이다. 이 땅 외에 하촌, 노치 동네 땅은 모조리 무상 징발, 무상 차지 등 이름으로 등재되어 있다. 이 부지들은 모두 광복 후 적산 땅으로 미군의 손을 거쳐 한국군에게 인계되었으나 그 보상 여부는 확인할 수 없었다.

상무지구 일본 기지 조성

1910년 8월 29일 한일합방조약을 강제하고 순종으로부터 양위 조인을 받아든 일본은 한반도 식민통치를 시작한다. 간헐적인 저항이 지속되다가 고종 황제의 승하(1월 21일)와 국장을 계기로 1919년 3월 1일, 전국적인 만세운동이 일어났다. 일본의 무력 진압으로 큰불은 잡혔으나 국외에서의 독립운동은 계속되었다.

한반도 내의 저항은 통치자의 입장에서는 크게 문제 되지 않았다. 다만 1929년 광주에서 시작된 학생운동은 전국적인 형세를 보였으나 이마저도 한반도에 주둔한 일본군 2개 사단과 헌병대의 철통같은 단속으로 끝장났다. 독립운동 세력은 대부분 해외로 활동 무대를 옮겼다.

특히 북간도 지방은 독립운동가들의 거점이었으나 1930년 일본에 의해 점령된 뒤 일본 육군 주력인 광동군이 장악한 괴뢰정권인 만주국이 되어 있었다. 1937년 7월에는 청일전쟁을 일으킨 일본군은 파죽지세로 1938년 1월 청도(靑島), 해관(海關), 상해(上海)를 점령했다. 이해 12월 13일에는 국민정부의 수도인 남경(南京)도 점령했다. 국민정부는 수도를 중경(重慶)으로 옮겼으나 이곳마저 폭격을 감행했다.

일본은 중국이 항복하면 화북을 중심으로 만주국과 같은 괴뢰정부를 세우고 전쟁을 끝낼 심산이었다. 1936년 공산당과 제2차 국공합작을 맺은 국민당 정부군은 지구전을 계속했다. 그렇더라도 일본은 세계의 중심을 자처해온 중국의 수도를 점령했다는 승리감에 취해 한민족의 저항쯤은 신경을 쓰지 않았다.

자만에 빠진 일본은 조선 사람들의 협력을 유도하기 위한 적극적인 황국신민화(皇國臣民化)정책을 시작한다. 1938년 2월 일본은 조선에서 육군 특별지원병을 모집했고, 이와 더불어 중등학교에서의 조선어 교육을 금지했다.

1939년 1월에는 국가총동원법을 공포했다. 총동원법 공포 전인 1938년 7월 7일 조선인 국민총연맹[이사장, 총독부 학무국장, 명예총재 정무충감, 총재 육군대장 가와지마(川島)]을 결성했다.

국민총연맹 결성으로 조선 반도에는 35만 개의 애국반이 만들어지고 7만 4,864개의 근로보국대가 조직되었다. 애국반을 중심으로 국방헌금과 고사포 헌납 운동이 전개되었다. 1938년 8월 신사 규칙을 만들어 면마다 1개 신사(神社)를 짓도록 하고 신사 참배를 의무화했다. 매월 1일 면내 공무원과 학생, 애국반간부들은 의무적으로 신사 봉공 행사에 참석해 일본의 신 아마테라스를 경배하고 황국신민임을 선서했다.

1940년 2월에는 한국의 성씨를 버리고 일본식 2자 성씨로 창씨개명을 강제했다. 이해 8월 〈조선일보〉와 〈동아일보〉를 폐간했다. 1941년에는 농산물공출제를 실시하며 1942년 2월에는 조선 청년들을 징용하기 전 조선 청년 체력검사를 실시한다. 이를 바탕으로 1943년 5월에는 해군 특별지원병제를 실시한다. 이해 일본 내각은 조선인 징병제 실시를 결의하고 1943년 8월 1일 정식으로 법령을 공포했다.

만주와 중국의 수도를 점령하고 진주만을 기습해 미국에 선전포고를 하는 일본의 대담함에 기가 죽은 조선 지식인들 중 몇몇 인사들은 일본군 용병이라 할 육군 특별지원병 응모를 독려하기도 했다.

조선인 지원병의 행정업무를 위해 육군병사부령을 공포하고 육군 관구제를 도입, 13도를 6개 관구로 나눠 병사부를 신설했다. 이때 광주 서석동 31번지(현 동구청)에 사무소를 열었다. 일본육군성은 조선인 응모자들이 훈련 뒤 총구를 일본군을 향할 위험이 있다고 보았던지 주로 전투병이 아닌 특과병에 배치했다. 병사부는 조선 내 신병 징집과 일본제대군의 조선 이주자를 관리했다. 학생들이나 예비군 훈련도 담당했다.

일본군은 한국 군대의 초기 정훈부와 같은 민병부를 두어 전쟁 확대에 따른 조선인의 민심을 진무하는 등의 홍보 활동을 담당하게 했다.

각 관구병사부는 조선의 주둔 일본군 제19사단과 제20사단에 예속시키고 대좌급 병사부장과 하사관을 배치했다. 광주병사부는 1939년 8월 15일 문을 열었다. 관할 구역은 전남북도와 충청남북도였다. 병사부 근무 요원은 80~90명 가량이었으며 예비역이나 제대 군인들이 많았다.

1942년 6월 미군과 격돌한 미드웨이해전 이후 일본군은 병력 보충에 초조해지기 시작했다. 1944년 1월에는 학도병지원제가, 같은 해 4월에는 민간인들에 대한 무차별 징병제가 실시되었다.

1943년 8월 그동안 6개 관구로 나눠 운영하던 병사부를 13개 도로 확대해 광주는 관구사령부가 되었다. 관구사령부 산하에 광주병사부, 전주병사부를 두어 행정 조직과 일치시켰다.

뒷날 이러한 도 단위의 병사부는 야전군사단과 분리해 오늘날의 향토사단과 같은 위수사령부 역할을 맡아 야전군사단의 병력 충원과 향토 방위 및 예비군 기능을 수행했다.

1943년 도별 병사구의 신설은 조선인 징병제를 실시하기 위한 병무 행정의 확대였다. 전쟁 말기인 1945년 1월, 패전을 의식한 일본은 일본 영토 사수를 위한 본토 결전 준비에 들어갔다. 그 작전명이 '제국 육해군작전계획대강'(1945. 1. 20.)이다. 일본은 이 작전 계획에서 그동안 갈등 관계에 있던 육군과 해군을 하나로 합해 방면군편제로 바꾸고 조선의 남부인 제주와 전남북 연해안에 병력을 집중했다. 이 같은 방위체제는 한반도 방위보다 일본 본토의 방위에 중점을 두었기 때문이다.

일본은 조선인이 같은 황국신민이고 조선 반도 또한 천황의 땅[皇土]이기 때문에 사수해야 한다는 명분을 내걸었으나 사실은 일본 본토 공격의 길목인 제주와 전남의 연해안을 요새화하여 미군의 공격에 대비하기 위해서였다. 제주에만 7만 5,000여 명의 군인이 배치되고 3개 비행장과 수십 개의 해안동굴을 준비했다. 만주에 있던 광동군의 123대대도 제주로 이동했고 중국에 있던 제5항공군 일부와 분진포대대도 옮겨왔다.

제주도는 본디 전라남도에 속했던 광주사병사구 관할 지역이었으나 방면군(제주도 방어 부대) 편제 때 그 기능을 잃었다. 그동안 여수는 조선시대 삼도수군통제영이 창설될 만큼 한반도 남해안의 요새다. 일본은 이미 1942년 2월부터 이곳의 요새화 작업을 시작해 요새사령부를 운영했다. 중돈병연대, 방공포대, 육군병원 등이 운영되었다. 이곳 요새부대는 여수에서 가까운 거문도와 해남 어란포 등의 해안기지 건설도 담당했다.

광주 서쪽 고창에 제150사단이 기지를 건설하고 제160사단은 이리와 군산에 자리 잡았다. 주로 경남 진해요항부의 지휘를 받던 제주도 해군은 신설된 제58군에 통합되었다.

광주사관구(光州師管區)가 학동 69번지(현 병무청)에 자리를 잡고 전주지구사령부와 광주지구사령부를 지휘했다.

광주사관구 산하에 이리 및 순천경비대가 있었으며 군산비행장과 제160사단을 지원하는 군산특설공병대가 있었다.

일본의 군사기지화 작업

연전연패를 거듭한 일본은 1944년 11월 미군 B-29폭격기가 도쿄를 폭격할 만큼 이미 제공권과 제해권을 잃어 마지막 본토사수작전에 들어갔다. 동맹을 자랑하던 이탈리아와 독일도 이미 항복해 기댈 곳이 없어졌다. 일본은 조선보다 15년이나 앞선 1895년부터 총독 정치를 시행해 식민지로 지배해왔던 대만을 포기했다. 대만 건너 중국 본토에는 지칠 줄 모르고 버텨온 중국군들이 있었기 때문이다.

일본은 1945년 1월 '제국육해군작전계획대강'이라 부르는 최후의 본토사수작전계획을 세웠다. 일본은 중국과 만주에 있던 일본군까지도 한반도로 이동해 마치 조선 반도를 일본 본토와 동일하게 사수할 것처럼 행세했다.

이것은 명분일 뿐, 사실은 일본 본토의 대문이나 다름없는 한반도의 남쪽을 요새화하는 옥쇄작전이었다. 조선에 전부터 주둔해 있었거나 중국·만주 등에서 들어온 야전군으로 17방면군이라는 이름의 전투군단을 만들고, 조선 총독 지배하에 있던 지방은 사관구(師管區)라는 이름의 위수사령부조직(예비군편제)을 만들었다. 그때 광주에는 전북을 아우르는 광주사관구가 광주 학동 지금의 병무청 자리에 사무실을 개설한다. 전주와 광주에 각각 전북도와 전남도를 관장하는 지구사령부도 두었다. 사관구와 관구는 오늘날의 향토사단과 '징병' 업무를 보는 병무청 기능을 겸했다고 할 수 있다.

조선 내 주둔 일본군은 식민통치 초기인 1920년까지 치안 유지를 위한 주차군 또는 조선군이라 불렀다. 미군을 거쳐 대통령 집무실이 옮긴 용산은 최초의 일본군 기지였다. 1931년 만주사변을 일으키면서 그 배후기지로 함경북도 나남에 19사단을 배치하고 용산 기지는 조선군 사령부와 20사단으로 개편했다. 이 2개 사단은 중일전쟁이 격화되자 중국 전선에 투입되었다. 그 대신 이 2개 사단 주둔지에는 유수(留守)사단이라는 부대를 신설했다. 1943년에는 평양에 유수30사단을 따로 신설해 조선 반도의 북쪽 수비에 대비했다.

1945년 2월~3월 사이 일본은 방위 전초기지인 이오지마(硫黃島)를 빼앗겼고, 곧이어 4월 9일부터 시작된 오키나와(沖繩)전투마저 패해 미국의 일본 본토 공격이 경각에 이르렀다. 미군은 본디 대만과 중국을 거쳐 조선에 진출한 뒤 일본 본토를 점령할 작전이었으나 중국과의 관계가 순조롭지 못해 바로 오키나와로 진격했다. 다음 목표가 한반도 남해안이란 듯이 행동했다. 식민지인 조선 반도로 진격하는 게 일본 본토를 공격하는 것보다 수월하다고 여긴 것이다. 일본은 이와 같은 미국의 작전 계획을 예상하여 제주와 전남·북 연안을 요새화하는 데 치중했다.

제주와 전북은 전부 1945년 2월에 신설한 광주사관구 관할 지역이었다. 물론 제주도의 방비 강화는 1944년 6월부터 시작되었다. 제주도 서귀포시 대정읍 상모리에는 1910년 식민통치가 시작되던 해부터 일본군이 주둔해 있었다. 1944년 미군 공격에 대비해 58군[오무라 슈(大村修) 대좌]이 기지로 삼은 뒤, 6·25전쟁 당시에는 육군 제1훈련소로 쓰였다. 제주에는 이 부대 외에도 만주에서 독립백포부대가 이동해오자 제96사단, 제111사단, 독립혼성 108여단 등 7만여 명의 군인이 배치되었다.15)

---

15) 신주백, 「45년 한반도에서 일본군의 본토 결전 준비」, 『역사와현실』 49권, 189쪽.

중국에 있던 제5항공군마저 한반도로 이동 배치시키고 광동군 120사단은 대구에, 관동군 121사단은 대전으로 이동시켰다. 조선유수사단으로 있던 19, 20, 30사단은 150사단과 160사단으로 개편해 군산과 이리, 고창 등지에 배치했다.

6월 오키나와가 함락되자 전남 연해안에는 미군 함대의 돌격전에 쓰도록 항공기자살특공대와 같은 1인용 특수잠수정이나 어뢰특공대를 숨길 수 있는 해안동굴 수십 개를 팠다.16)

1930년대 후반까지 일본은 조선주둔군에도 조선인 기용을 꺼렸으나 결국 1939년 국민징용령을 조선인에 적용했다. 함경북도 나남에 주둔하고 있던 제19사단에서 1,688명을 징용해 중국과의 전쟁에 투입했고, 이 중 1,592명이 죽었다. 용산에 있던 20사단에서도 조선인 1,901명을 모집, 중국 전쟁에 끌고가 941명이 죽었다.17) 그렇다고 조선인 병사들을 주요 부서에 배치하지는 않았다.

일본의 조선인 전쟁 동원은 처음에 지원제란 이름으로 선별 징발하다가 학도병지원병제와 알선 권유라는 이름으로 반강제 입영시킨다. 전쟁 막바지인 1944년 4월부터는 강제징병제로 바뀐다. 조선인 징병을 위해 도마다 병사부가 개설되어 징병검사를 실시해 현역, 보충역, 예비역, 면제 등 종을 가려 강제징병에 대비했다. 1944년 7월 조선인 징병검사자 수는 20만 6,057명으로 갑종, 을종, 제2을종, 제3을종의 다단계로 구분했다.18) 1935년 12월 6일 조선인총동원운동 총연맹 총재에 육군대장 가와지마(川島)가 임명되고 전 조선에 애국반이 만들어졌다. 무상 부역에 동원되는 근로보국대만 7만 4,864대가 결성되었다. 1944년 시작된 여자정신대도 근로보국대의 일종이었다.

---

16) 이완희, 『한반도는 일제의 군사요새였다』, 327쪽.
17) 조건, 『동국대박사학위논문』, 2015년, 253쪽.
18) 김상규, 『한국근근대사 연구』 67집, 연구 논문.

애국반과 근로보국대는 1940년 시작된 창씨개명운동과 1941년에 시작된 농산물 공출에 앞장 세웠다. 총주보국이니 총후보국 따위 구호를 내걸고 비행기헌납운동, 신사참배운동을 통해 내선일치 의식을 강제 또는 세뇌했다. 이와 같은 작업을 바탕으로 전쟁이 막바지에 이르자(1945년) 일본의 방위가 곧 조선의 방위인 것처럼 선전 활동을 벌이면서 일본 본토 진격의 관문인 전남북 연해안과 제주도의 요새화에 온 힘을 쏟았다. 물론 일본은 일본 본토의 장기전에 대비해 마이루(舞鶴)산 기슭에 10킬로미터에 달하는 동굴을 파고 주요 시설 이동 계획을 세웠다.[19)]

마찬가지로 조선 반도 장기 저항기지로 대전 동남방 영동군 영동읍 대천리 이바위산(302.4m) 기슭에 4천입방미터의 동굴 계획을 세워 900여 개의 동굴을 파고 있었으나 도중에 전쟁이 끝나버렸다. 지금은 포도주 저장고로 쓰이고 있다.

일본은 전황이 최악의 상황으로 몰리면 대전에 조선방위 17방면군 사령부를 두고 영동의 땅굴을 병기제조창 및 유류, 폭약, 식량비축기지로 쓸 작정이었다. 이에 따라 대전에 전신연대, 통신작업대, 병참지구본부, 치공방중대, 야전손무대, 건축근무중대, 53항공사단사령부, 비행49대, 정치장철도부대 등 전쟁 지원 주요 부대를 배치했다. 그 시설 터가 오늘날 대전의 한국군 주요군사시설로 쓰이고 있다.

앞서 언급한 바와 같이 광주사관구는 광주와 전주, 제주를 아우르는 위수사령부로 1945년 일본수호작전인 결호작전의 최일선 요새였으므로 그 중요성이 클 수밖에 없었다. 특히 인접지인 고창 주둔의 150사단이나 이리에 배치된 160사단의 근로대나 근무대 인력의 보충 기능도 담당했다. 이 같은 임무를 수행하는 광주사관구를 지원하기 위

---

19) 이완희, 『한반도는 일제의 군사요새였다』, 456쪽.

해 광주에만 15개에 가까운 여러 부대가 있었다.

일본공립문서관 아시아역사자료센터에 보이는 광주사관구 산하 부대(전주, 이리, 군산, 목포, 순천, 나주와 광주)는 22개 부대에 달한다. 그중 9개 부대가 광주에 있다. 9개 부대 외에도 독립부대로 배치된 헌병대나 구금소, 독가스 등을 담당하던 제독훈련소, 제17방면군 산하의 박격포 31대대, 독립혼성 39연대, 90특별 통신 작업대 등이 있었다는 기록을 합하면 15개를 넘는 부대가 주둔해 있었다. 이 같은 육군 부대 외에도 해군 비행장이 있었으므로 한국군 상무대 시절의 군 부대 수보다 훨씬 많았다. 그러나 이 많은 부대들이 오랜 기간에 걸쳐 자리 잡은 것이 아니라 1945년 미군의 공격에 대비해 허겁지겁 급하게 배치되었기 때문에 머물렀던 터를 더듬는 건 힘들 수밖에 없다. 전쟁을 위해서라면 일본은 조선의 땅을 언제 어디서나 징발해 쓸 수 있었기 때문이다.

조선총독부는 1920년 2월 1일자 총독부령 제25호로 '조선징발령'을 공포했었다. 이 법 제5조는 배상 의무를 규정하고 있으나 1938년 국가총동원령을 발동한 뒤에는 지켜지지 않았다. 실제로 오늘날 일제군 사기지로 징발된 치평동 땅의 토지대장이나 등기부를 보면 징발되었다는 기록뿐, 보상의 흔적이 없다. 어떤 토지 기록에는 무상 징발이라고 쓰여 있다.

민간항공기 이착륙 목적이라며 만든 광주비행장마저 일본군이 징발한 뒤 미군의 공격에 대비해 여러 부대의 임시 병영으로 쓰이게 되자, 1945년 들어 새 활주로 사업을 위해 학생들까지 동원했다. 광주비행장이 해군용으로 쓰이자 전통적으로 경쟁 관계였던 육군은 별도로 1945년 6월 육군용 활주로를 담양군 대전면 대치리에 착수했으며 여기에 학생들을 동원했다. 부대 편성도 임시편제가 시행되었다. 근무요원도 보조요원, 경계근무요원, 임시동원 등 시시각각 그 이름이 바뀌었음을 알 수 있다.

20여 부대 광주 배치

1945년 2월 9일자 광주사관구 사령부 정원은 106명이었다가 2월 28일 27명이 보충된다. 2월 28일자로 사령부 부속으로 제독(制毒)훈련소 요원 27명이 배속된다.

같은 날짜로 사관구 산하에 포병보충대(345명), 치중병보충대(659명 송정리), 보병제 보충대(1933명), 통신부대(345명)가 설치되었다. 지구사령부는 이 같은 부대 배치보다 뒤늦은 3월 24일에야 본부요원 25명, 지방요원 47명의 편제 명령이 내려졌다. 전쟁터의 필수 근무부대인 광주육군병원은 정원 편제(의무장교 20명, 위생하사관 및 의무병 150명)가 조선군사령부 산하 부대로 5월 10일에야 설치령이 하달되었다. 기록을 보면 광주사관구 사령관은 장관급이면서도 광주에 배치된 여러 부대의 관리는 제20사단으로 명시한 것은 특이하다. 20사단이 150사단으로 개편되어 전북 고창에 주재했던 것을 보면 광주에 배치된 여러 부대가 사실상 야전전투부대의 지원부대 기능을 맡고 있었음을 알 수 있다.

1945년 2월부터 5월 사이에 광주에 주둔시킨 보병, 포병, 통신, 치중병, 제독훈련소, 육군병원 등은 6년 뒤 미군 자문으로 설치한 1951년의 상무대 병과와 일치한다.

1945년 7월 작성된 것으로 전하는 일본 아시아역사자료센터의 자료에도 「광주항공기지위치도」와 현황이 나온다. 시설 편 기록에 구 해군 광주비행장이라고 기술하고 있다. 말할 것 없이 시설 내력에서도 비행장 시설 및 보유 비행기, 차량, 탄약 등 현황이 있지만 폐쇄 상태의 비행장차고는 보유비행기 7대에 과분한 시설을 갖추고 있다.

당시 광주항공기지 총 면적은 110만 평방미터였고 활주로는 구 활주로와 신 활주로가 있다고 기록하고 있다. 건물은 청사 2채, 사관생 숙사 1채, 병사용 숙사 12채, 병사 2채로 모두 18채였다. 이 밖에 부속 가옥 5채, 창고 10채, 전신소 3개 덮개 있는 비행기 은폐시설 18개(격납고 없음), 연료저장동굴 및 폭탄저장동굴 5,470평방미터, 유도로 9km 등이 기재되어 있다. 유도로 중 4.1km는 폭이 25m로 사용이 가능하다고 했다.

시설 현황만 보면 연습비행기 5대와 연습전투기 2대를 운영하기 위한 시설로는 과잉이다. 과잉 시설들은 비행대 이외의 병력이 배치되어 있음을 알 수 있게 한다. 특히 기지 도면을 보면 광주천에서 양수한 물을 무각사가 자리 잡고 있는 망덕산에 끌어올려 정수한 뒤, 화정동 325번지 한국군 77병원과 화정동 504번지(현 학생독립운동기념관)로 송수한다는 사실을 알 수 있다. 화정동 512번지와 504번지에는 일제 때 뚫은 동굴이 있고 화정동 77병원 곁 가톨릭대학 부지 안에도 물탱크가 남아 있다.

이런 시설과 광주항공기지 위치도를 보면 77병원 자리는 일본군 광주육군병원자리였던 것이 확실하다. 연료고동굴이 있던 현 학생회관 일대에는 다른 군 조직이 자리 잡고 있었음을 말해 준다. 이 일대는 광복 후 설립된 광주 상무대 백일사격장으로 쓰이다가 1991년 11월 광주시에 넘겨준 땅이다. 이곳 백일사격장은 인접한 쌍촌동 산33번지 일대까지 15만 8,117평방미터(4만 8,132평)에 달하고 있으므로 단순한 비행장의 연료고로 사용하지는 않은 듯하다.

한국군 상무대 건설 배경

재미난 사실은 6·25전쟁 당시 남쪽이 수복된 후 1951년 10월 육군교육총감부 자리도 일본군이 주둔한 광산군 극락면 치평리 군사시설을 택했다는 점이다.

당시 연습기들의 모습.

　미군은 1950년 6·25전쟁이 시작된 9일만인 7월 4일 오산에서 북한군과 첫 교전을 벌였다. 9월 15일 시작한 인천상륙작전으로 기세를 제압한 한·미군은 10월 17일 평양에 진출했으나 중공군의 참전으로 철수를 시작해 12월 21일부터 시작된 함흥철수작전 이후 교착 상태에 빠져들었다.
　그 틈에 미군은 부산을 중심으로 한국군 교육을 시작했다. 통신학교는 1951년 2월 부산에 주둔해 있었고 포병학교는 1951년 3월 진해에 있었다. 보병학교는 부산 동래에 있었다.
　미군은 10여 개에 달하는 군사병과 중 전투병과의 중심인 보병, 포병, 통신을 통합한 뒤 교육총감부를 결정한다. 1951년 10월 27일에는 보병학교를, 11월 1일 포병학교, 다음 해 1월에는 통신학교를 광산군 극락면 치평리 일본 항군기지로 옮긴 뒤 1952년 1월 7일 상무대를 발족시켰다. 1952년 5월 15일에 보병학교 전차교육대를 기갑학교로 독립시키고 1957년 7월 1일 광주비행장에 육군항공학교를 개설했다.
　1958년 9월 30일에는 보병학교 화학교육대를 화학학교로 독립시켰다. 이 병과들은 공교롭게도 일본이 1945년 2월 광주에 창설한 광주사관구 산하 병과를 빼닮았다.

광주사관구 내 보병보충대는 상무대 보병학교, 포병보충대는 상무대 포병학교, 통신보충대는 통신학교, 제독훈련소는 화생방학교이다. 광주사관구 치중병보충대는 송정역에 있었는데 상무대 설립 후 이곳은 육군 병참부 수송대가 자리 잡았다. 일본 육군병원은 한국군 육군 77병원이 되었고 그 곁에 있던 일본 지구헌병대에는 특무대가 들어섰다. 본디 식민통치 초기 광주 헌병대는 현 금남로 1가 11번지에 있었으나 1917년 이후 철수한 뒤, 1945년 2월 지구헌병대가 쌍촌동 997번지에 주둔했던 것이다.

이 같은 과거 흔적들을 더듬다 보면 광주 상무대는 기존에 일본 군사시설로 쓰이던 귀속적산을 그대로 이어받았음을 알 수 있다. 결국 일본 광주항공기지 위치도는 이 사정을 가장 잘 나타내고 있다. 1945

옛 상무대 정문.

년 2월 급조된 일본군 광주사관구 산하 10여 부대들은 해군 항공연습 기지로 쓰인 비행장 일대와 새로 쌍촌동, 화정동 땅을 징발해 썼음을 알 수 있다.

동구 소태동 728~5번지에 있는 동굴이나 양림동 178번지에 있는 동굴도 1945년 광주에 신설된 일본군 부대의 용도로 뚫었을 가능성을 상상할 수 있다. 시내에도 일본군의 병사구 사령부가 있었기 때문이다. 일본이 징발한 양림동 미국 남장로교 선교부 재산 중 오웬기념관은 일본군 무기고로 쓰이기도 했다. 이로 미뤄 보면 사직공원 입구 동굴들도 단순한 방공호가 아니라 일본군 군사용이었음을 알 수 있다.

일제 강점기 광주 전쟁 유적 조사

'강제동원과 평화총서' 시리즈로 엮은 1914년의 『우리 마을 속의 아시아태평양전쟁유적』광주광역시 편(2014)이 도서출판 선인에서 간행되었다. 90쪽짜리 이 책은 2013년 5월 국무총리실소속 대일항쟁기강제동원 피해 조사 및 국외 강제동원 희생자 등 지원위원회에 속해 있다는 정혜경(鄭惠瓊, 1960~) 씨가 광주에 와서 광주 NGO회원들과 광주 유적을 답사하고 만들었다. 이 책의 사진은 광주근로정신대 할머니와 함께하는 시민모임 사무국장 이국언(李國彦) 씨가 맡았다. 이 책은 광주 시내 6곳의 일본 유적지를 소개하면서 지금은 치평동에 속해 있는 일본 항공기지, 이와 관련 있는 화정동의 3개 동굴을 소개하고 있다. 이 책 11쪽에서는 광주 시내 아시아태평양 유적지 49개소 일람표를 제시하고 있다. 이 표를 보면 장소가 확실한 군시설 4곳, 장소를 알 수 없는 군부대 17부대 이름과 함께 6개 공장, 13개 광산 및 농장, 운송회사 이름 따위가 적혀 있다. 강제노역의 정도나 범위, 그리고 개설 시기 등 언급이 부족하다. 서창면의 군사시설물 등에 대한 조사도 아직 이뤄지지 않았던 듯하다.

2019년에는 광주교육대학교 산학협력단이 광주광역시의 용역을 받아『광주친일잔재조사』보고서를 작성했다. 이 보고서의 절반 이상은 친일 인사 조사가 차지하고 식민 잔재 조사 항목에서 광주 시내 군사시설에 대해 보고하고 있다.

앞서 정혜경 씨의 조사보다 진척된 항목은 벽진동 사월산 동굴이나

화정동 학생독립운동기념관이 들어선 중앙공원 동굴 외에 양림동 사직산 동굴, 남광주역 지하동굴에 대해 각각 장소의 부호인 지번을 명기하고 있다.

이미 일본아세아역사자료센터가 공개한 「광주항공기지위치도」는 사월산에 화약저장동굴이 세 개가 있고, 그 위치를 ① 월암길 월암상회 뒤편 ② 마륵동산 44번지 ③ 벽진동산 19~1번지라고 밝혔다.

화정동 중앙공원(학생독립로 30)에는 ① 깊이 55.65m 동굴 ② 깊이 81.95m 동굴 ③ 깊이 64.04m 동굴의 3개 사진과 규모를 밝히고 있다. 이 동굴들은 지적상 512번지에 있는 공원 안에 있다.

양림동에는 ① 사동 177-38, 깊이 30.5m ② 양림동 178-1, 깊이 19.6m ③ 양림동 178-1, 깊이 6m ④ 양림동 178-1, 깊이 12.8m라고 적시해 네 곳이 각각 독립적으로 연접해 있음을 밝히고 있다.

남광주역 지하동굴은 남광주시장 주차장으로 쓰이고 있는 방공호

화정동 중앙공원에 있는 화정동굴 ①, ②, ③.

로 길이가 12m이다.

이 보고서는 동굴 외의 군부대 시설로는 극락비행장, 금남로 1가 수비대 자리, 송정리 치중병보충대에 대해 언급했다. 송정리 치중병보충대 시설은 상무대지원부대인 수송부대가 있던 곳으로 철도 부지 안에 있었음을 자세히 밝히지 못했다.

필자는 이미 여러 차례 글로 쓴 일이었지만 증심사 입구 소태동 768-5에도 일제 때 방공호가 있었다는 정보를 얻지 못했던 듯하다. 이곳 동굴은 제2순환도로 공사 때 많이 손상된 바 있다. 이 밖에도 일제 때의 방공호는 더 발견될 것이라 생각한다. 이 같은 동굴들이 어떤 용도로 쓰였는지는 그 규모나 형태를 면밀히 관찰하면 짐작할 수 있을 것이다.

패전 직전의 광주 주둔 일본군

일본공립문서관 아시아역사자료센터의 기록을 보면 광주사관구에는 22개 부대 이름이 나온다. 전주, 목포, 나주, 군산에 있던 부대 13개를 빼면 광주에는 9개 부대가 있었던 셈이다.

사관구(師管區) 조직은 일본이 패전한 해인 1945년 1월, 본토결전 계획에 따라 조선 내 전투병력은 모두 제17방면군에 통합하고 교육, 병참, 지역방위를 맡은 위수부대인 사관구제를 채택하여 만든 기구다. 이 조치는 1945년 2월 11일자로 확정되었었다.[20] 그러므로 광주에 사관구 산하 부대가 주둔한 것은 그 이후의 일일 것이나 이 부대들이 어느 곳에 진지를 구축했는지에 대한 기록이 없다. 신 씨의 기고에 '4월 10일 광주사관구가 신설되었다.'[21] 했으므로 자료센터에 제시된 광주 관내 각 부대의 편제 날짜인 쇼와(昭和) 20년 2월 9일자 임시동원인원 정수표의 날짜와 어긋난다. 센터의 기구표정원을 보면 3월 15일자로 인원을 확정한 것으로 기록하고 있다.

다만 광주육군병원과 전주육군병원 편제는 5월 10일자로 기록하고 있다.

---

20) 신주백, 『역사와 현실』 49집, 한국역사연구회.
21) 위의 책, 188쪽.

광주주둔 일본군 각 부대 정원과 편제 날짜

① 광주사관구사령부 133명 2월 9일, 2월 28일

② 광주사관구부대 468명 2월 28일

③ 광주사관구 제독훈련소 27명 2월 28일

④ 광주사관구 보병제1보충대 1,933명(말 75), 2월 28일

⑤ 광주사관구 포병보충대(나주) 573명(말 86), 2월 28일

⑥ 광주사관구 공병보충대 705명(말 9), 2월 28일

⑦ 광주사관구 통신보충대 345명(말 12), 2월 28일

⑧ 광주사관구 치중병보충대 659명(말 60, 차 37), 2월 28일

⑨ 광주사관구 조선군사령부 광주육군병원 204명

– 계 5,047명 (말 242필, 차 37대) –

이 밖에도 독립군종으로 활동하던 헌병사령부 산하 광주 지구헌병대에 몇백 명이 배치(1945년 3월)되었고 군범죄자들을 수용하던 육군구금소도 있었다.

신주백 씨는 사관구 산하 부대 외에도 17방면군 산하 독립혼성연대, 박격포대, 특별통신작업대가 광주에 주둔했던 것으로 보고 있다.

광주민간비행장은 1939년 국가총동원령과 동시에 군에 징발되어 해군성 항공대가 접수했다. 경쟁 관계에 있던 육군성 항공대가 이미 전북 군산에 자리 잡고 있었기 때문이다. 그러나 일본 해군성이 바로 연습비행장으로 썼는지에 대한 기록은 없다. 다만 이곳 토지대장을 열람해 보면 새 활주로 사업을 위해 1944년 치평동 하촌 일대 토지와 대지를 사들인 기록이 있고 대부분의 토지가 1945년 3월 1일 비행장으로 징발되었다고 기재되어 있다. 이는 이곳 토지문서가 광복 후 부실하게 작성된 탓도 있다. 해군성 광주비행장은 1945년 3월 1일자 일본 해군성 연습항공대가 해체되어 그 기능마저 상실했다. 그러므로 그 이후에는 광주사관구 산하 부대들이 주둔했을 것으로 보인다.

전투병과통합교육대 상무대 개설

　6·25전쟁 발발 1주년이 되던 1951년 7월에 접어들면서 중국 측에서 정전 제의가 시작되었고 전쟁은 교착 상태에 접어들어 38선을 중심으로 공방이 지속되었다. 국내 여러 곳에서 산발적으로 시행하던 한국군 사병 교육은 1951년 3월 제주도 모슬포에 있던 일본군 제57군 주둔 터에 설치한 육군 제1훈련소에 통합했다(특과병 제외). 통합하기 전 신병 교육은 거제도의 제3훈련소, 대구의 제25교육대, 제주항 옆에 위치한 제5훈련소에서 실시했었다. 밀양에 있던 제6훈련소와 진해의 제7훈련소는 특과병학교였다.

　수도권 방위에 자신감을 가진 정부는 1951년 11월 논산에 제2훈련소를 개설했다. 당시 지리산을 중심으로 태백산맥을 타고 밀파되었던 북한인민유격대 남부군사령관 이현상의 준동이 아직 계속되던 때이다. 1950년 11월에는 경북 문경경찰서가 습격당하고 1951년 4월에는 청주가 습격당하기도 했다. 한국군은 1948년 10월의 여수 14연대 반란사건 때 입산한 공비들의 소탕이 끝나기 전에 6·25전쟁이 시작되었던 탓으로 1950년 10월부터 군단 병력을 투입해 토벌작전 중이었다. 이 때문에 산악에 가까운 곳에 훈련소를 둘 수 없는 사정이라 전남 진도 등지가 신병 훈련 후보지로 검토되다가 비교적 산이 적은 논산 마산면 일대가 신병 제2훈련소로 확정되었다.

　사병 훈련 체제가 완비되어가자 미군 자문단은 장교 보수교육계획도 세웠다. 1951년 5월 유엔군 사령관 리지웨이(Matthew B. Ridgway) 장군의 지시를 받은 챔페니(Arthur S. Champeny) 참모부장은 전투병과 교육 훈련과 함께 장교들의 지휘 통솔 훈련, 고급 장교 양성을 위한 미국 군사학교 파견 교육 등의 계획을 세웠다. 이에 따라 1951년 8월 교육총감부가 창설되고 통합 교육 장소의 물색에 들어갔다.

미군은 이미 일본군이 신병 훈련을 했던 전남 광산군 극락면에 일본군 훈련 장소가 있음을 확인했다. 이곳은 논산훈련소와 마찬가지로 인민군유격대 남부군이 준동하는 지리산에서 먼 평야부에 있을 뿐만 아니라 통합 교육을 하기에 알맞게 통신, 포병, 화학 등 병과부대가 주둔해 있었고 육군병원도 있었다. 또한 송정역에는 병참을 전담했던 치병중대가 근무하던 터와 시설이 남아 있어서 미군이 찾던 통합 교육 장소로 안성맞춤이었다.

정부는 그동안 제병학교 또는 종합합교라 부르던 장교 교육기관을 보병학교로 통합해 부르다가 10월 1일자로 정규 4년제 육군사관학교를 독립시켜 진해에 두고 남은 보병학교는 광주로 이동시켜 교육총감부 산하에 두기로 했다.

보병학교는 본디 6·25전쟁 전인 1949년 7월 경기도 시흥에서 발족해 기성 장교들의 초등군사반 교육(14주 과정)을 실시하면서 1950년 1월 갑종 간부 후보생이라 부르는 간부 후보생 교육(6개월 과정)을 담당했다. 이 때문에 6·25전쟁 당시에는 경비사관학교나 갑종 간부 후보생의 교육 기간 차이가 없어서 제병학교라는 이름으로 통합이 가능했다.

1951년 9월 25일부터 미군 공병대가 광주에 파견되어 일본군 시설을 손질하면서 교육총감부 이전이 이루어졌고, 부산과 경남에 집중되어 있던 각종 보병 연관 병과학교들이 속속 이동했다.

6·25전쟁이 일어나 미군이 한국전에 참여하자 이승만 대통령은 7

월 14일 맥아더(Douglas MacArthur) 장군에게 전시작전통제권을 넘겨주는 국가 간 협약을 맺어 사실상 국방지휘권을 미군에 넘겨준 상태였다. 그래서 한국군 교육계획은 물론 그 훈련 장소까지도 미군이 결정했다. 이 때문에 광주 상무대 위치도 미군이 결정하고 미군 공병대가 파견되어 기반시설을 닦았다. 물론 이 땅은 적산토지였다.

1951년 8월 1일 동래에서 발족한 교육총감부가 10월 18일 광주로 옮겨오자 곧이어 육군보병학교와 통신학교, 진해에 있던 포병학교가 광주로 옮겨왔다. 이 3개 병과는 백병전이 벌어졌을 때 삼위일체를 이뤄야 할 전투기본병과이다. 당시 보병학교에는 전차과가 있었고 포병학교에는 항공과가 있었다. 1953년 5월 보병학교 전차과는 기갑학교로 분리 독립하고, 포병학교 항공과는 1957년 육군항공학교로 분리 독립했다. 1952년 육군 본부는 화학교육대를 설립했으나 1955년 보병학교에 병합했다가 1958년 화학학교로 독립시켰다. 일본군이 광주에 제독훈련소를 두었던 것과 같은 맥락의 편제라 할 수 있다.

1951년 11월까지 3개 병과학교가 광주로 옮겨 교육 태세를 갖추자 1952년 1월 6일 광산군 극락면 치평리 현장에서 개소식을 갖고 '상무대(尙武臺)'라 명명했다. 이는 사관학교 병영을 '화랑대'라 부르고 제1훈련소를 '강경대', 제2훈련소를 '연무대', 충남육군본부를 '계룡대', 대전 교육총감부를 '자운대'라 부르는 병영에 대한 별칭의 일반 관행에 따른 것이다.

상무대의 교육총감부는 1954년 교육총본부로 이름이 바뀌어 16개 병과학교와 2개 사병훈련소 및 의무기지교육사령부, 1개 육군병원, 교재창 등을 관할하는 육군의 제1군사령부, 2군사령부(1954년 창설)와 함께 3대 기관의 하나가 되었다. 이 교육총본부는 1956년 대전광역시 유성구로 옮겨가고 1959년 일부 기구 개편이 있었다.

1960년 6월 교육총본부를 해체하고 전투병과 교육사령부(CAC)로 이름을 바꿔 제2군사령부 예하 부대로 편입시킨 뒤 그 사무소는 광주 상무대 안에 두었다.

1963년 4월 상무대의 전투교육사령부는 그동안 호남 및 제주 지역 위수사령부였던 제1군 관구사령부 기능을 통합했다. 1980년 5·18 때 계엄사령부 분소 기능을 맡아 광주민주화운동 진압의 상위 부대가 되었다.

일본 아세아역사자료센터의 『광주항공기지위치도』의 내용에 보면 당시 이 기지 총 면적은 110만 평방미터로 기재되어 있다. 이는 33만 2,750평으로 도면에 화정동 325번지와 화정동 504번지(연료고)가 기지에 포함되어 있어서 치평리만의 일제 군용지 면적을 정확하게 산정할 수 없다.

육군 본부로부터 광주광역시가 인수한 치평동 일대 상무대 땅은 60만 6,591평(무상 증여 제외)이다. 광복 후 상무대 설치 당시 확장한 토지가 얼마였는지는 국토정보공사나 국방부 전라제주시설단의 협조가 없다면 정확히 알 수 없다. 다만 비행기지 도면 상의 토지 면적은 쌍촌동에 있던 육군병원 부지 면적이나 학생독립운동기념회관(화정동 504번지) 일대의 일제 군용지가 포함되지 않았을 가능성이 있다. 육군병원 부지는 1945년 일본군 비행기지로 징발되었다는 토지대장 기록이 있다.

학생독립운동기념회관 일대의 백일사격장 군용지는 1991년 11월 28일 광주시가 백일지구 택지개발사업 명목으로 국방부에서 매입했었다. 이때 땅은 21필지 15만 8,117㎡(4만 8,132평)로 366만 원의 토지대를 지불했다.

77육군병원 부지와 특무대 부지는 쌍촌동 992-2 일대 51필지 18만 2,134㎡(6만 195평)이다. 이 땅은 2014년 10월 7일 국방부가 102

화약고가 있었던 사월산.

억 2,668만 원을 광주시에 팔았다. 광주시는 별도로 서창동 641번지 일대 군사시설보호지구에 묶여 있는 땅 17필지 17만 870㎡(5만 6,472평)를 국방부에 주었다.

　광주 시내에는 이 세 곳 이외에도 서창동 공군비행장 화약고 부지 등이 있으므로 정확한 면적을 산정할 수 없다. 화약고가 있었던 사월산 기슭 벽진동 485-8 일대의 땅은 일제 말기에 징발되었다. 광복 후

북한군 포로 수용을 거쳐 현재 공군 화약고로 쓰이고 있는 것을 생각하면 이 일대의 일제 군용 징발지도 조사되어야 한다.

이곳 땅을 빼고 광주광역시와 국방부 간에 거래된 세 곳의 군용지 면적은 218만 4,132㎡(72만 1,855평)에 달하고 있다. 이 중 상무지구 공원 부지 16만 5,250㎡(5만 평)과 77육군병원 및 특무대 지구 무상 양여 토지는 2필지 469,707㎡(1만 4,255평)이다.

유념할 것은 상무택지개발이 군용지만으로 이뤄지지 않았다는 사실이다. 국방부가 광주시에 인계한 국방부 땅은 198만 6,187㎡였다. 이 땅을 기본으로 상무대 1지구 개발 면적은 262만 1,865㎡였고 2지구는 46만 5,168㎡, 3지구는 13만 189㎡, 4지구는 28만 4,862㎡이므로 군용 부지의 1.7배 면적이 택지개발되었음을 알 수 있다. 민간 토지 수용과 보상, 환지 등의 자료는 광주도시개발공사가 관련 서류를 보유하고 있을 것이므로 이를 소상히 기록으로 남겨야 한다.

쌍촌동 특무대 땅이나 77육군병원 일대 땅은 지창선(池昌宣, 1897~1986) 씨의 응세농도학원 땅이었으나 가톨릭재단에 넘기기 전 그 일부가 일본의 결사항전 시기인 1945년 3월 1일에 징발된 기록이 있다. 화정동 백일사격장 일대 징발 기록은 토지대장으로 확인하지 못했다. 다만 1972년 국방부가 보상을 실시한 것을 보면 일제 말기 징발

사월산 북쪽 자락의 동굴.

된 토지이면서도 그 정리가 부실했었음을 알 수 있다.

　1937년 치평리에 체신국항공과 비행장 활주로를 만들 때 일본은 지주 30명으로부터 9만 1,263평의 땅을 평당 1원 50전 가격으로 사들였다는 당시 신문 보도가 있다. 이를 확인하기 위해 토지대장을 열람했더니 노치(老雉) 사람 조경현의 땅 153평, 평촌의 채달국 씨 땅 270평, 하촌(荷村)의 동양척식회사 땅 369~370번지 일대의 땅들이 1937년 11월부터 1938년 3월 사이에 토지 소유주가 국가로 바뀌었다. 특이한 기록은 하촌 동네 북쪽 묘지인 369번지가 1938년 3월 31일 국가 소유로 소유주가 바뀐 것인데, 이를 보면 비행장 매설토취장으로 동네 북쪽 구릉지대가 쓰였음을 짐작할 수 있다. 처음에 만든 활주로 부지만 정식으로 매입했을 뿐 나머지 땅과 집들은 1945년 3월 1일 무상 징발했다고 기록하고 있다.

　일제 강점기의 광주 시내 유적 조사는 2014년 '근로정신대 할머니

사월산 남쪽 자락의 동굴. 폭우로 흘러내린 토사가 쌓여 동굴 입구의 상부만 보인다.

와 함께하는 시민모임'(대표 이국언)이 앞장서 '광주 중앙공원 내 일제 군사시설 역사활용방안 시민토론회'와 워킹 투어 프로그램 운영 등으로 많은 흔적이 발굴되고 소개되어 왔다.

 그러나 아직도 가야 할 길은 멀다. 일제 강제동원과 평화연구회 측 조사에 따르면 2022년 6월 현재 광주 시내 군사 유적지는 22곳이고 생산유적지는 27곳이라고 한다. 집과 농토를 보상 없이 빼앗기고 흩어져 살았을 군사기지 내 시민 생활은 강제노역 이상의 고통이었을 것이다. 선정의 기준이 있을 것이지만 곰곰이 생각하면 일제 식민지 시절의 생활 터전 모두를 식민 흔적이라고 할 수 있다. 불행스럽게도 우리는 일본 식민 시절의 흔적 위에서 살고 있다. 그 흔적 위에서 어떤 활동을 해 왔으며 앞으로 어떻게 활동할 것인가는 우리 세대의 과제이다.

전투병과교육사령부

5·18광주민주화운동 때 31향토사단과 함께 계엄위수사령부 기능을 맡았던 상무대 안의 각급 병과학교를 지휘 감독하던 통합사령부였다.

당초 이 부대의 전신은 1951년 5월 부산 범일동 부산진초등학교에서 창설한 교육총감부이다. 이 부대는 이해 19월 18일 광주 극락면 비행장으로 옮겨왔다. 전쟁 중이라 부산 지역에 몰려 있던 여러 병과 학교를 광주 기지로 이동, 1952년 1월 6일 개소식을 가졌다. 이때 개소식에 참가한 병과는 보병, 포병, 통신 병과였다.

개소식에 참석한 이승만 대통령이 상무대(尙武臺)라는 병영 이름을 정해 휘호를 내렸고 비로 조각되어 정문 곁에 세워졌다. 각급 학교 연혁에서 밝히겠지만 보병학교에 배속되어 있던 화생방 병과가 1958년 화학학교로 독립했다. 1953년 보병학교 전차교육대는 기갑학교로 독립했다.

1952년 4월에는 반공 포로 1만 432명이 상무대에 배속되었으나 미군 관할로 별도의 경비부대가 배치되었다.

1954년 7월 교육총감부는 이름을 교육총본부로 바꾸고 산하에 16개 병과학교, 2개 훈련소, 의무기지교육사령부, 교제창, 1개 육군병원을 두어 광주와 쌍벽을 이루는 대조직이 된다. 2년 뒤인 1956년 9월 대전광역시 유성구로 옮겨간다.

1960년 6월 후방부대 사령부라 할 수 있는 제2군사령부가 발족하

육군 전투병과 교육사령부 창설식.

면서 교육총본부는 전투병과교육사령부로 편제가 바뀌었다. 이때 전투병과교육사령부는 광주 상무대 교육기지만을 담당하는 부대로 축소되었다. 광주 상무대에 있던 통신학교도 1958년 대전으로 이전하여 육군본부 작전교육국 산하 기관이 되었다. 마찬가지로 1957년 창설한 육군항공학교도 1959년 육군본부로 예속이 변경되었다.

　1980년 5월 전투병과교육사령부는 계엄사 전남 분소, 광주항쟁진압군지휘부, 합동수사본부 등 기능을 맡아 5·18광주민주화운동 참가자들의 영창과 군사재판소로 쓰였다. 옛 모습이 재건되었다. 그 장소는 오늘날 상무지구 치평동 1161-6, 7번지 5·18자유공원 부지가 되어 있다. 이 공원과 5·18기념공원과의 거리는 2,200m 가량이다. 이곳 공원 입구에 상무대 휘호비가 옮겨져 있다.

　5·18자유공원 부지 면적은 4만 7,257㎡이고 5·18기념공원의 면적은 20만 5,098㎡이다.

1981년 5월 1일자로 육군 전투병과교육사령부는 해체되어 1관구사령부가 교육사령부가 되었다. 그 병영마저 대전광역시 유성구로 옮겨 가고 상무대 교육부대와 지원부대들은 1995년 장성 삼계지구로 옮겨 갔다.

  오늘날 육군교육사령부는 대전광역시 유성구의 자운대에 있으며 직할 부대로 군사경찰대, 상무대 근무지원단이 있다. 장성 상무대에는 광주에서 없었던 공병학교가 있어서 5개 병과학교로 구성되어 있다. 상무대 CAC(전투병과 교육사령부) 막사는 주로 옛날 노치 동네에 자리 잡고 있었다. 지금은 대전 유성구 자운대에 있다. 사령관은 중장급으로 예하 각급 학교를 지휘 통제해야 하기 때문에 사병보다 위관급 근무자들이 많았다. 지금은 12개 병과학교를 지휘 감독한다.

상무대의 여러 학교

육군 보병학교
구호 : 나를 따르라!

장성 상무대보병학교가 공개(BA-2207~0895240)한 학교 연보는 1949년 7월 29일 경기도 시흥(현 서울특별시 금천구 시흥동)에서 창설, 그 연표는 다음과 같다.

- 1949년 08월 10일~고등군사반 1기 입교
  - 09월 16일~초등군사반 1기(14주반) 입교
- 1950년 01월 27일~갑종 간부 후보생 1기 입교(6개월 과정)
  - 07월 09일~6·25 전쟁으로 폐교(문산전투 참가)
  - 08월 07일~대구 육군중앙훈련소 개칭 → 경주 이동
  - 08월 15일~부산 동래 내성국민학교에서 육군종합학교로 변경 (육군사관학교, 육군보병학교 통합)
  - 08월 31일~제병학교로 명칭 변경
  - 09월 07일~육군종합학교로 재개칭
  - 12월 01일~전차과 신설(기갑학교 모체)
- 1951년 02월 16일~육군보병학교 분리 독립

- 10월 27일~전남 광산군 극락면으로 이동(육군 직할)
- 11월 11일~갑종 간부 후보생 5기 수료식
• 1952년 01월 06일~상무대 명명식
(보병, 포병, 통신 병과 및 지원부대와 교육총감부 주둔 병영)
- 02월 12일~육군본부 직할에서 교육총감부로 예속 변경
• 1953년 06월 06일~여군 간부 후보생 1기 입교(13명)
- 05월 15일~전차과를 기갑학교로 분리
- 11월 18일~을지문덕 장군 동상 건립
• 1954년 07월 06일~교육총감부가 총본부로 개칭(16개 병과학교, 2개 훈련소 등 예속)
• 1956년 09월 20일~교육총본부, 대전으로 이동
• 1957년 02월 20일~유격 과정 신설(교육장 : 광양)
• 1958년 09월 30일~보병학교 화학교육대, 화학학교로 분리
• 1958년 10월 26일~준사관 후보생 과정 시작(준위 양성)
• 1960년 06월 25일~2군사령부로 예속 변경(교총 해체) * 2군사령부 산하 전투병과교육사령부(CAC)로 개편해 본부를 상무대에 둠.
• 1962년 06월 25일~광양 유격훈련장 화순 동복으로 옮김
• 1963년 03월 11일~학군 1기 초등군사반 입교(ROTC) * 1961년 18개 학군단 운영 시작 : 교육 2년, 복무 28개월)
- 09월 21일~핵무기 과정 1기 수료
• 1964년 05월 11일~간부 후보생 최초 실병 지휘 실습
• 1966년 07월 11일~단기사관후보생 1기 입교
- 08월 15일~고등군사반 중단(130기)
• 1967년 01월 16일~통합 고등군사반 1기 입교
(1977년 07월 59기로 종료)
• 1968년 10월 15일~2사관학교(2년제) 창설(1972년 4월 26일, 3사관학

교 통합)
- 1969년 08월 30일~갑종 간부 후보생 폐지(230기) * 1950년 1월 창설, 수료 총 수 45,424명
  - 12월 06일~특수 간부 후보생 과정 종료(32기)
- 1973년 06월 25일~3사 생도병과 교육 시작(3사 9기) * 3사관학교는 1972년 10월 15일 영천에 개교
- 1974년 03월 04일~학군 초등군사반 1기 입교(학군 12기생)
  - 04월 08일~육사 초등군사반 1기 입교(육사 30기)
  - 06월 24일~경찰 간부 1기 입교(4주 과정)
  - 08월 12일~해병 초등군사반 1기 입교, 예비군 간부 후보생 1기 입교
  - 10월 07일~기행 사관 후보생 1기 입교
- 1975년 01월 13일~학군 교관반 1기 입교(2주 과정)
  - 01월 20일~교련 교사 1기 입교(3주 교육)
- 1980년 09월 08일~3사 초등군사반 1기 입교(3사 17기)
  - 10월 25일~단기 사관 후보생 과정 폐지(15기) * 1966년 07월 1기 개설
- 1981년 05월 01일~전교사에서 교육사령부로 예속 변경
  - 06월 28일~학사 사관 양성 과정 시작(1982년 3사관학교로 인계)
  - 12월 05일~예비군 간부 후보생 과정 폐지
- 1983년 11월 19일~특수 간부 후보생 과정 폐지
- 1986년 01월 06일~예비군 지휘관반 신설
- 1990년 01월 01일~전투병과사령부 폐지로 육본 교육사령부로 예속 변경 * 제병협동교육반부로 변경
- 1994년 12월 17일~장성으로 학교 이전(신 상무대)

앞의 연표에서 보는 바와 같이 육군사관학교 출신을 제외한 대부분의 육군 장교는 이곳 광주 상무대 보병학교 훈련을 통해 양성된다. '육군 장교의 요람'이라 부를 만하다. 심지어 육군사관학교 출신 장교들도 이곳 보병학교 초등군사반 교육을 받았으며 모든 장교의 유격훈련은 상무대 보병학교 유격훈련 과정을 거쳤다. 여군, 해병대, 경찰, 예비군 교관, 교련 교사, 학사 장교 교관 등 지휘관 교육은 모두 도맡아왔다.

특히 보병학교는 특수병과의 발전을 위해 기갑학교(1953년), 화생방학교(1958년)를 분리 개교시키는 국군의 모태 기능을 담당해왔다. 이 같은 훈련과 교육을 위한 상시 근무 기간 요원이 1,400명 전후[2022년 11월 28일자 보병학교 민원 회신문(1BA-2211-03447.479)]였다.

보병학교는 광주 시대의 교육 훈련 수료자 수가 23만 8,000명 내외라고 밝히고 있다. 기초양성 과정 장교 배출 인원은 7만 5천여 명, 보수교육 수료 장교는 14만 명, 기타 과정은 2만 3천여 명이었다[민원 회신문(1BA-2211-03447.479)].

육군 포병학교

구호 : 알아야 한다

- 1948년 06월 27일~서울 용산, 경남 진해에서 포병 장교 교육 시작
    - 10월 25일~영등포에 육군야전포병단 발족
    - 12월 15일~국군조직법 제3장 12조에 포병 병과 승인

1988년 로켓발사기 실습.

- 1949년 10월 15일~용산에서 야전포병단 발족(교장 신응균 대령)
- 1950년 03월 08일~야전포병학교를 포병학교로 개칭
    - 09월~진해에서 포병학교 재창설함
- 1951년 11월 말~진해에서 광주로 이동
- 1952년 01월 06일~상무대 개소식 참여, 포병학교 항공학과 개설
- 1957년 07월 01일~항공학과를 항공학교로 분리

　포병 병과는 전쟁 현장에서 보병과 함께 전투 병과의 2대 주력 병과이다. 육탄전이나 다름없는 소총 중심의 보병보다 대량 살상의 대포와 비행기의 포화에 대비한 대공포, 육안으로 보이지 않는 적을 공격하는 곡사포나 박격포, 대전차포 등은 육병전의 기초인 보병을 보호하고 보존하는 형제 기술 병과이다. 포병학교 분체인 야전포병단이 창설된 것도 미군이 인계해준 중화기를 다루는 특과기술병을 양성하기 위

해서였다. 오늘날 국방 병력에서 가장 중시하는 로켓이나 미사일 등도 모두 포병 분야이다. 연평도, 백령도 등에 배치되어 있는 포병대도 모두 포병학교에서 교육받는 해병대가 맡고 있다. 포병 병기는 단순히 사격만으로 이뤄지는 무기가 아니라 조준, 측지, 정비, 화약 등 나름대로 특기 훈련을 거쳐야 임무 수행이 가능하다. 이 때문에 모든 지휘급 장교들은 기본적으로 포병 교육과정을 이수해야 하고 사병마저 각각 임무에 따른 특수 기능을 익혀야 한다. 이 때문에 포병학교는 같은 군사시설 지구 내에 있는 보병학교가 장교 중심 교육을 담당하는 것과 달리 오히려 하사관과 특기 사병 훈련 인원이 전체 교육 훈련 인원 39만 명의 82%인 32만 2,474명에 달했다.[22]

　광주 상무대 시절의 포병학교 기간 요원 수는 696명이었으며 별도로 현장 훈련을 주관하던 포병대대가 있었다. 포병학교 현장실습장은 광산구 평동의 복룡산이었다.

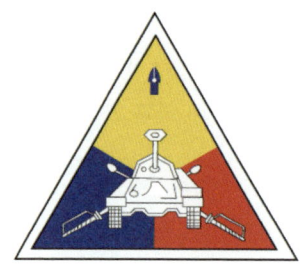

육군기갑학교
구호 : 내 생명 전차와 함께

　242대의 T34-76형 탱크를 앞세워 남침하는 북한군에 대항할 탱크 1대가 없어 육탄공격 이외의 방법을 찾지 못했던 한국군. 3일 만에 수도 서울을 내주고 미군의 처분만을 바라보던 남한군은 미군의 개입과 지원을 받아 부산에 피난 정부를 꾸리고 전열을 가다듬기 시작했다.

---

22) 〈민원회 신문〉, 육군교육사령부, 2022년 08월 23일.

1966년 보전합동훈련.

그때 남한군은 도로 없는 산과 들을 내달리며 기관총과 대포를 쏘아대는 탱크가 '지상전의 제왕'이요 '움직이는 요새'라는 것을 뼈저리게 실감했다. 부산 피난 정부 시절 미군으로부터 M·36젝스전차 6대를 이양받은 육군은 이 전차로 전차병을 양성하기 위해 1950년 11월 동해의 육군종합학교에 전차과를 두고 교육을 시작했다.

전차병은 지휘책임의 전차장, 포수, 조종수, 탄약수 등 특기를 익힌 4인 1조로 승차해 싸우는 보병 1개 소대에 해당하는 편제를 가지고 있다. 보병학교는 육군종합학교의 전차교육대를 보병학교에 예속시켜 1951년 10월 광주로 이동해 쌍촌동 숲속에 둥지를 틀게 했다. 1952년 4월 소년 전차병 120명을 모집해 10월 15일 교육을 끝내고 제57전차중대를 탄생시켰다.

전차는 전선에서 보병과 불가분의 관계에 있지만 그 장비나 운용 기술이 달라 교육장을 같이 쓸 수 없는 형편이라 1953년 5월 15일 보병학교 동북쪽 강변의 유촌동에 기갑학교를 따로 독립시켰다. 교육은 담양군 대덕면 일본 비행장 건설 중단 부지에서 불대산을 향해 대포를 쏘는 것으로 이루어졌다.

이 보잘것없던 기갑부대는 1970년 현대중공이 M48형을 제작해 공급해주고, 1984년 기술을 이어받은 현대포럼이 KI형을 개발해 공급하면서 세계 최강의 장비를 갖추게 됐다. 한국형 기갑차는 이제 유럽의 폴란드와 인도를 비롯한 여러 나라에 수출되어 국방산업의 총아가 되었다. 기갑학교는 1994년 보병학교와 함께 장성으로 옮겼다.

1995년 학교 이름을 육군기계화학교로 바꿨다. 교육사령부가 제시해준 이 학교 기간 요원은 1천여 명이며 광주 상무대 시절 교육 수료 인원은 7,498명이다.

육군화생방학교[23]

구호 : 알아야 산다

한국 육군은 군 작전의 고도화에 따른 화생방 분야의 특화를 위해 1953년 6월 26일 휴전협정을 앞두고 경기도 양주에 화학교육대를 신설했다. 화생방은 신병교육대인 논산훈련소에서부터 연막탄 훈련을 실시해온 기본 훈련 중의 하나라 보병학교 장교들의 필수 과목으로 인식, 1955년 2월 28일 상무대의 보병학교에 예속시켜 광주 서구 금호동의 비어 있던 포로수용소 터에 현장실습장을 꾸몄다.

3년 만인 1958년 7월 29일 화학학교로 분리 독립시켜 공군 및 해병대와 경찰 간부들의 위탁 교육을 받아들였다. 연막, 제독, 화학, 화생방 정찰, 화생방 작전 통제 등 5개 특과로 분류해 교육한다. 교육 과정은 사병 중심, 초·중·고급반, 장교들의 2개 참모 과정이 있다.

2012년 화학학교에서 화생방학교로 이름을 바꿨다. 보병학교와 함

---

[23] 1BA-2210-0430593, 최신문

께 1994년 장성 상무대로 옮겼다. 광주 상무대 시절 218명의 기간 요원이 2만 2,988명의 훈련생을 배출했다.

육군항공학교

본디 육군항공학교는 포병 부대의 정찰 임무가 주된 임무였으므로 포병학교에 항공교육대를 소속시켜 광주 상무대의 포병학교 옆 일본 해군의 광주비행장을 이용했다. 당시 광주비행장은 일본이 패망한 뒤였기에 비어 있었다.

이 비행장은 1948년 민간비행장으로 허가되어 신항공이 서울~광주~제주 간 노선을 운행하다가 6·25사변으로 중단됐고, 군사시설의 일부가 되어 임시로 반공 포로들을 수용하다가 부산~광주 간 항로를 이용하는 군용비행장으로 쓰이기도 했다. 1950년 12월에는 부산~광주 간 노선으로 민간항공기가 수시로 왕래했다. 당시는 부산이 임시 수도라 서울~광주 간 항로는 쓸모가 없었다. 서울~광주 간 항로는 1953년 2월에야 재개되었다. 1958년 3월에는 광주~제주 선도 개설되었다.

광주비행장에서 교육은 포병장교 중 L-19기종 2인승 정찰기 훈련생을 뽑아 시작했다. 1957년 1월 1일 국방부는 포병학교 항공교육대를 항공학교로 분리 독립시켰다. 이때부터 사병들을 입교시켜 정비병과 운항관제기술병을 양성하기 시작했다. 항공 장교는 항공대학 졸업자 중에서 선발된 사람을 6개월 간부 후보생 과정을 거쳐 입교시키거나, 기성 포병 장교 중 중위나 대위급에서 지원자를 뽑아 1기에 30명을 입교시켜 육성했다. 이들을 30주간 교육하는 과정에서 탈락자가 계속 나왔기 때문에 졸업자는 10명 내외였다. 교관은 거의 항공대학교 출신자들이 맡아 소위 또는 중위 교관들도 있었다. 군대 선배인 포병 장교 중위, 대위들을 교육시켜야 했기 때문에 피교육 장교의 계급은 무시되었다. 항공조종사도 계급보다 교육 수료 기수가 우선했다. 항공학교 비행장에는 L-19기 20여 대가 계류되어 있었고, 철조망을 경계로 보병학교와 포병학교가 자리 잡고 있어 이 활주로를 이용하는 민간항공기들은 이·착륙시 철저하게 창문을 닫는 등 보안에 큰 신경을 썼다. 이러한 보안상의 사정으로 민간공항 이전이 추진되어 1965년 1월 10일 송정리(소촌동)에 건설된 오늘날의 광주비행장으로 옮겨갔다. 이 비행장 활주로가 확장되고 공군비행대가 1967년 5월부터 송정비행장을 쓰게 되었다. 물론 이 비행장도 공군전투비행단을 위해 건설한 것이다. 이처럼 비행기들이 치평동 비행장을 떠나면서 육군항공학교도 1967년 경남 사천비행장으로 옮겼다. 이 비행장이 1968년 공군제3훈련비행단 훈련비행장으로 결정되면서 충남 조치원을 거쳐 1995년 11월 논산신병훈련소 곁 노성면으로 옮겨 오늘에 이르고 있다.

  육군 항공기는 전투보다 정찰과 수송을 주임무로 하여 헬리콥터 과정을 두고 있으며 해병대 비행사들도 함께 교육한다. 정비·관제 등의 특기병과는 사병이나 준사관들이 맡지만 장교 중에서 이수하기도 했다. 광주 시절의 육군항공학교장은 대령급이었으며 5·16군사혁명 때 서울·광주 등지 도시의 삐라 살포를 담당해 군사혁명 뒤 이 학교 교장은 감사원장이 되었다.

  육군항공학교는 광주 상무대 시절의 기간 요원이 335명이었고 교육 수료 인원이 567명이라고 밝혀왔다.[24]

---

24) 민원 회신, 교육사, 2022년 8월 23일.

육군통신학교
구호 : 통하라

국방경비대 시절인 1947년 1월 진해에서 창설된 육군통신학교는 이해 10월 23일 서울로 옮겨 암호무전기 기능을 습득한다. 이때의 통신은 전신전화의 범주를 벗어나지 못해 군과 미군 또는 국가 기관과의 소통에 필요했을 뿐, 전쟁터의 필수요소라는 중요성을 인식하지 못했다.

6·25 남침이 시작되자 전쟁터에 장비와 연락 기능이 시급하게 필요해 1950년 8월 부산임시정부 시절, 동해에 통신학교가 설립되어 통신병을 양성하기 시작했다. 무선통신망 기기가 일반화되지 않은 시기라 보병이나 포병, 탱크 등이 출동하는 현장에는 통신망이 신체의 신경망과 같은 필수 기능을 맡았기에 보병학교와 포병학교가 광주로 옮겨오자 통신학교 또한 1951년 11월 10일 광주 상무대로 옮겼다.

휴전이 설립되고 전투 현장이 사라지면서 통신학교는 보·포·통의 삼위일체 관계에서 벗어나 통신기기의 발전에 따른 보다 큰 임무를 수행해야 했다. 이에 따라 1958년 7월 육군본부 직할부대로 그 소속을 바꿔 대전 둔산동으로 옮겼다.

1960년 6월 교육총본부가 해체되는 대신 광주 상무대는 전투병과 교육사령부가 되고 기갑학교와 화학학교가 보병과 포병을 보완해주었다. 그러므로 육군통신학교는 광주 상무대에서 7년 7개월의 통신 교육을 맡은 뒤 떠나 지역사회에 크게 각인된 바 없다. 다만 지금 금호동의 90대 노인들을 만나면 포로들이 석방된 뒤 그 자리에서 통신 교육이 이뤄졌었다고 회상한다. 이 때문인지 오늘날 이 학교가 속해 있는 교육사령부마저 옛 광주 시절 기간 요원과 훈련 수료생 수를 명확히 확인해주지 않았다.

광주 상무대 시절 학교별 통계

학교	기간 요원	교육 배출	자료 응신 날짜
보병	1,387	238,000	22. 11. 28. 보병
포병	696	390,024	22. 08. 23. 교육사
기갑	1,019	7,498	22. 08. 23. 교육사
화학	218	22,988	22. 10. 14. 화생방
항공	335	567	22. 08. 23. 교육사
계	3,655	659,077	

* 통신학교(미상).

기타 지원부대

① 탄약대대 ② 공병대대 ③ 군수지원단 ④ 수송대대
⑤ 정보통신지원단 ⑥ 3개 훈련장 ⑦ 사령부(1981년, 기간 요원 438명)
⑧ 군악대 ⑨ 헌병대 ⑩ 보안대 ⑪ 육군병원

상무대가 장성으로 옮기던 1990년대 기록들은 한결같이 '80만 군의 요람'이었다고 적고 있다. 관계 기관에게 조회해 얻는 자료에 따르면 통신학교나 항공학교 정비병 수 등을 합하더라도 70만 명 가량의 군인이 이곳에서 훈련을 받았다고 할 수 있다. 훈련을 위해 종사한 기간 장·사병은 4천 명으로 볼 수 있을 것이다. 이 밖에 교육담당학교를 지원하기 위한 지원부대(송정역에 있던 군수지원단이나 탄약대대, 공병대대, 통신지원단, 수송대대, 헌병대, 특무대, 77육군병원 및 전투병과교육사령부 요원, 군악대, 의장대 등)를 모두 합한다면 상무대병영 병력은 80만에 이르렀다고 할 수 있겠다. 그렇더라도 70만 교육생도가 40년에 걸쳐 몇 주씩 머물렀던 것을 생각하면 상시 병력은 2만 내외였을 터이다. 이곳을 거쳐간 군인들에게는 잊지 못할 젊은 날의 추억의 장소이다. 이 기억이야말로 광주시가 놓쳐서는 안 될 잠재 관광자원이다. 각기별 초대 관광 같은 기획이 있음직하다.

3장
광주 상무대

상무대 사병들의 주말 외출은 광주 시내 경기를 좌우했다. 본디 사병들의 휴일 외출은 영내 대기 병력을 제외한 인원을 부대장 재량으로 허가했기 때문에 그 인원 수는 시내 경기에 크게 영향을 주었다. 피교육 중인 사병들까지도 1박 2일 외출을 허가하는 일이 있어서 심할 때는 수천 명이 시내로 쏟아져나왔다.

광복 직후 국내 정세

최후의 한 사람이 남을 때까지 결사항쟁을 다짐하면서 조선인까지 총동원해 총알받이로 내세우던 일본은 1945년 8월 15일 천황의 육성방송을 통해 조건 없는 항복을 선언했다.

같은 해 8월 6일의 히로시마 원자폭탄 투하와 8월 9일의 나가사키 원자폭탄 투하는 일본 민족의 파멸을 예단할 만큼 그 위력이 엄청났다. 히로시마에서만 9만~16만 명, 나가사키에서 6만~8만 명이 즉사하거나 원폭 피해로 죽었다. 세계 최초로 시험된 이 문명의 파멸 무기는 일본의 돌격 정신을 무너뜨리는 데 충분했다.

소련은 원폭이 투하된 8월 8일에야 음흉한 발톱을 드러내 숨이 멎어가는 일본에 선전포고를 했다. 미리 대기한 소련군들은 8월 11일 함경북도 나진항과 청진항을 손아귀에 넣고 8월 21일 원산을 거쳐 8월 24일 평양에 입성했다. 가는 곳마다에서 일본군을 무장해제시킨 소련군은 8월 28일 3·8선 이북을 완전히 장악했다.

이에 견주어 미군은 일본 천황의 항복 선언으로부터 24일이 지난 9월 8일에야 인천에 상륙하고 다음 날 서울에 도착했다. 그제야 일본군 조선사령관으로부터 항복을 받고 무장을 해제시켰다. 9월 12일에 이르러 조선총독 아베 노부유키(阿部信行)를 해임했지만 조선 통치는 기존의 총독부 기구와 요원을 그대로 활용할 수밖에 없었다. 소련군이 북한에 진주할 때는 만주와 소련에서 활동하던 조선독립군들과 동행

남조선국방경비대의 교육 장면.

해 곧바로 행정기구까지 장악했으나, 미군은 아무런 정보나 준비도 없이 진주했기 때문이다.

식민통치의 중심지는 소련이 점령한 3·8선 이북이 아니라 지휘 감독하던 5개 도청이 있었던 서울이었다. 소련군은 만주와 사할린 일대에서 항일독립운동을 해왔던 조선공작단위원회 위원 103명을 소련군과 동행시켜 8월 26일 평양총사령부를 발족시키고, 5개도 경무부를 개설하면서 부사령관 1명씩을 조선인 독립군으로 임명했다. 이때 평양부사령부를 맡은 책임자가 바로 김일성이었다.

미국은 이 같은 기동성을 발휘하지 못했다. 점령군인 미군으로부터 승인받지 않은 국내 독립운동가 여운형(呂運亨, 1886~1947)은 일본 천황의 항복 방송을 듣고 이튿날 조선총독부를 방문, 신도(遠藤) 총감에게 다섯 가지 시국 안정책을 요구한다. 그는 대신 일본인들이 안전하게 일본에 돌아갈 수 있도록 도와주겠다고 약속했다. 바로 조선건국

준비위원회(이하 건준)를 발족시키고 도마다 지부 결성을 유도했다. 청년들로 치안대를 조직, 16일 형무소를 출감한 1만 6천여 명의 죄수 중 흉악, 절도범이 아닌 사람들을 기용했다. 본디 여운형은 고려공산당을 창당한 전력이 있어서 우파라고 할 수 있는 송진우나 안재홍 등은 여운형의 건준에 참여하지 않았다.

북한이 처음부터 점령군인 소련군에 협력한 독립운동 관련자들을 그들의 의도에 맞게 활용하는 데 성공했다면, 남한은 친미 인사들이 한데 모여 국내 좌익 계열과 우익이 서로 다투고 중국의 임시정부 김구 계열과 미국의 이승만 계열이 서로 세력다툼을 하는 난장판 세상이 되어 있었다.

미군정청은 10월 10일에 접어들어서야 국내 사정을 어느 정도 파악하고 기존에 전국적인 체제를 갖춘 건준이 주동해 만든 과도적 인민공화국 해산을 명령한다.

미군은 소련군이 북한에서 한 것처럼 자신들의 뜻대로 정국을 이끌만큼 지도력을 발휘할 수 있는 시기를 놓친 셈이다. 뒤늦게 미군정청은 오합지졸, 사분오열의 민족운동자들을 버리고 기존 조직인 친일파와 총독 관료를 중심으로 정국을 이끌어갔다.

1945년 12월 28일 모스크바 3상회의에서 조선 반도의 신탁통치안이 결의되자 북한과 남로당 박헌영은 찬성한 데 비해, 김구를 비롯한 남한 우익이 반대운동을 벌이자 미군정은 비로소 반탁 세력에 힘을 실어주기 시작했다.

미군은 10월 말 미군으로 시·도군정지사를 일명하고 공백기에 설립된 건준이나 시·도인민위원회, 치안대 등을 해산시켰다. 그리고 미국 유학 인사들을 미군정청 자문관이나 도지사 대리라는 이름으로 임명했다. 소련이 이미 8월 26일에 실시한 조선인 기용을 두 달이나 늦게 시작한 셈이다.

한국 국군의 창설

미군은 남한에 진주해 미군정을 실시하면서 미군에 조력할 남조선군의 양성에 착수했다. 1945년 12월 5일 서울 서대문구 냉천동 감리교 신학대학에 군사영어학교를 창설한 뒤 일본군, 만주군, 중국군, 독립군 등을 가리지 않고 군대 경험이 있는 장교들을 모집해 영어 교육을 실시했다.

1946년 1월 15일 187명의 군인을 모집해 남조선국방경비대를 발족시켰다. 6월 15일 조선경비대로 이름을 바꿨다. 이때 경비대원들은 오늘날처럼 국방을 책임지는 방위 병력이 아니라 미군주둔군대의 경비를 보조하거나 경찰 치안 보조, 좌익 준동에 동원하는 경비 병력이었다.

조선경비대의 제1대 사령관은 미군 중령 존 마샬(John T. Marshall)이었다. 2대 사령관은 미군 대령 러셀 베로스(Russell D. Barros)였다. 1946년 9월 18일에야 군사영어학교 수료생인 이형근을 사령관직무대리로 임명했다.

태릉에 있던 일본 지원병훈련소에 대대본부를 둔 조선경비대는 곧 지방 조직 확장에 나섰다. 1월 29일 부산에 5연대, 2월 10일 충북에 7연대, 2월 15일 광주에 4연대, 2월 18일 대구에 6연대, 2월 26일 전북 익산에 3연대, 2월 28일 대전에 2연대, 4월 1일 춘천에 8연대, 11월 16일 제주에 9연대 등 창설 요원을 파견하고 모병과 훈련에 들어갔다. 도청 소재지 마다에 파견된 장교는 군사영어학교 출신을 중심으로 5~6명에 불과했다. 조선경비대가 단기 과정이라도 장교를 양성하기 시작한 것은 1946년 5월의 경비사관학교였다. 군사영어학교는 1946년 4월 30일 자동으로 문을 닫았다.

　국방경비대사관학교도 개설 후 1기부터 4기까지 일본군, 만주군, 독립군을 가리지 않고 군대 경력자를 입교시켰다. 5기는 5년제 중학 졸업 이상의 민간인을, 6기는 우수 하사관 및 병사를 대상으로 모집하여 6개월씩 교육해 1,254명을 배출했다.

　1946년 상반기에 각 도에 파견한 연대 창설 요원들은 당시 연대마다 정원 225명의 1개 대대 인력을 뽑아 자체 훈련을 시키도록 했다. 그러므로 명목상은 연대였지만 실제로는 대대 병력이었고 1개 대대 정원이 차면 다시 2개 대대 병력을 모집해 양성해 갔다. 일본군 군사기지 광주 극락면 치평리 병영은 이때 국방경비대 4연대가 차지했다.

　1947년 12월에는 다시 형식상 3개 연대를 합한 여단제 편제에 들어가 서울, 부산, 대전에 각각 여단을 두고 3개 도 단위 연대들을 소속시켰다. 당시 광주 4연대는 대전의 3여단 소속이 되었다.

　미군은 1948년 8월 남한 정부의 건국에 대비해 국군의 수를 종전의 2만 5천 명 규모에서 5만 명 규모로 늘리는 계획을 세워 15개 연대, 5개 사단 편성을 유도했다. 이 방침에 따라 광주의 4연대는 5월 제5여단본부가 되고 4연대가 중심이 되어 제주 모슬포의 9연대, 여수의 제14연대를 창설했다. 5여단에는 전북 익산의 3연대도 소속되어 광주 5여단은 1948년 6월 10일 5사단의 모체가 된다.

　6·25 직전 국군의 규모는 8개 사단, 22개 연대 9만 4,974명에 달했으나 북한의 남침을 받아 궤멸 직전까지 갔다. 미군 7만 5천 명의 인천상륙작전으로 기사회생하는 동안 광주 4연대 병력은 모두 전방 전투에 투입되어 비어 있었다.

　1950년 9월 국군과 경찰이 재진주했으나 시내에 막사를 꾸려 지내다가 1950년 10월 미군 공병대가 일본군 및 국방경비대 4연대가 주둔했던 극락면 치평동 일대를 손보아 육군 교육총감부 주둔지로 키웠다.

6·25전쟁과 한국군 훈련

　미군정하에 조직된 국방군의 주된 임무는 주둔 미군의 보조였다. 이 때문에 1948년 8월 15일 남한 정부가 수립되면서야 비로소 국방을 위한 군대 조직과 훈련이 시작되었다. 대한민국 국군이 국군조직법에 따라 창설된 것은 1948년 9월 1일이다. 그 이전의 군대는 미군정청 군정법령 제28호(1945. 11. 13.)에 의해 설치된 군정청 내 국방사령부다. 이때 초대 부장은 미군정청 군인 시크(L. E. Schik)였다. 그 산하에 경무국과 군무국을 두고 경무국은 경찰 치안 업무를 주관하고, 군무국은 주둔 미군을 보조하면서 좌익 폭동 진압 때 경찰을 지원했다.
　당시 해방을 맞아 일본군이 곧바로 철수하지도 않고 미군이 진주하지도 않은 상태에서 국민들은 아무런 법적 근거나 지휘 체계 없이 단체별, 지역별, 자체 치안 조직이나 경비대를 창설했다. 말할 것 없이 여운형에 의해 주도된 건국준비위원회는 도 단위 건준 조직을 갖추고 그 산하에 국군준비대를 결성하기도 했다.
　미군이 정식으로 일본 천황으로부터 항복 문서를 받은 것은 8월 15일 항복 선언 후 17일이 지난 9월 2일이었다. 미군이 3·8선 이남을 분할 점령하기 위해 인천에 도착한 것은 해방 만세를 부른 8월 15일로부터 24일이 지난 뒤였다. 소련군은 일본의 항복 조서와 관계없이 앞서 밝혔듯이 이미 8월 22일 평양에 도착해 북한의 분할 통치를 시작했었다.
　미군은 9월 12일 군정장관에 아놀드(Archibald Vincent Arnold)

소장을 임명하고 9월 28일에야 조선총독부로부터 남조선을 인계받았다. 이 같은 절차가 이뤄지기까지 일본 경찰의 치안 행위는 중지되었으나 주둔 일본군의 무장은 해제되지 않고 그대로 있었다.

광주비행장일 때 일본군 군사시설은 그대로 유지되었다. 이 때문에 광주의 건국국군준비대(대장 주봉식)는 극락면의 일본군 시설에 접근하지 못하고 학동에 있던 기마대를 훈련장으로 썼다.

1948년 8월 15일 미국이 군정을 끝내고 대한민국 정부에 통치권을 인계하자 1948년 9월 1일 비로소 대한민국 국군이 창설되었다. 이때 참모총장은 이응준(李應俊, 1890~1985, 일본 육사 26기)이었다. 그는 광복 당시 일본군 대좌(大左) 계급으로 근무하다가 패전을 맞았으나 56세의 나이에 미군정청이 서대문 내천동의 감리교신학대학교에 설립한(1945. 12. 5.) 군사영어학교 1기생으로 입교해 4개월간 영어와 미국식 군사 훈련을 받은 인연으로 참모총장이 되었다. 이 학교는 일본군이나 만주군 등 군 근무 경력 장교들을 모아 훈련한 미군 정책의 일환이었다. 이 학교를 다니던 군인들을 중심으로 1946년 1월 태릉의 일본 육군지원병학교 터에 남조선국방경비대를 창설하고 군사영어학교 출신들을 기용했다. 1946년 5월 1일 국방경비대 병영에 정규 장교 양성을 위한 남조선국방경비사관학교를 개교하니 이것이 육군사관학교의 모태이다. 이 대목에서 보듯이 미군은 그들 편의대로 군사 경력자 중에서 장교를 뽑아 경비대를 창설한 탓으로 정규과정을 겪은 일본군 출신을 선호했다.

군사영어학교 첫 졸업생은 110명이었다. 그중 87명이 일본군 출신이었고 21명이 만주군 출신이었다. 광복군 출신들은 적으로 싸우던 일본군 출신들과는 어울릴 수 없다고 참여를 거부해 단 2명뿐이었다고 한다. 독립군 군사영어학교 출신 중 정일권 장군은 6·25전쟁이 나자 미군과 언어 소통이 가능하다는 이유로 총장이 되었다. 육사 정규 1기로 참모총장이 된 서종철(1969. 9.~1972. 6.) 장군 이전의 참모총장은 거의 군사영어학교 출신들로 13명에 달했다. 군사영어학교 출신 중에서도 40명이 태릉의 경비사관학교에 다시 편입해 사관 1기를 내세우기도 했으므로 사실상 한국 육군은 미군 군정청 때 양성한 장교들이 이끈 셈이다. 이 때문에 일본군 경력자가 많아 대한민국의 건국마저 친일세력을 기용한 정부라는 비난을 받게 되었다.

1950년 6월 명색이 육사 11기라고 뽑은 육사생들은 입교 24일만에 6·25전쟁이 나자 그대로 소위로 임관해 전선에 투입됐다. 이처럼 초창기 국군은 훈련다운 훈련을 받을 시간이 없었다.

광주 4연대와 5여단

앞서 미군정하에서의 군대 조직의 초창기는 살펴본 바와 같다. 1946년 1월 서울에 국방경비대가 창설되고 도마다 장교 4명, 사병 225명 정원의 대대를 창설토록 했다. 이 대대는 현지에서 모병 활동을 지속해 3개 중대 인원이 모아지면 연대라 하고, 3개 연대가 구성되면 여단으로 불렀다. 전남 지방 첫 대대는 1월 15일 일본군 병영으로 쓰던 극락비행장에 둥지를 틀고 계속 모병 활동을 벌였다. 1947년 5월에 연대로 승격(4연대)했고 이한림 소장을 연대장으로 임명했다. 광주의 연대가 중심이 되어 광주 연대의 1개 대대를 여수로 보내 14연대를 창설했다. 같은 방법으로 당시 전남도에 속해 있던 제주에 9연대를 창설했다. 서둘러 연대 3개(3연대, 4연대, 9연대)를 묶어 1948년 4월 29일 제5여단(사령관 김상겸 대령)을 창설한 것은 이해 4월 4일 제주에서 폭동이 일어났기 때문이다. 같은 해 10월 19일에는 여수에서 14연대가 반란을 일으켰다. 이듬해 5월 광주의 제5여단은 사단으로 승격, 지리산 공비 토벌에 투입되었다.

광주의 4연대는 20연대로 부대 이름을 바꿨다. 송호성(宋虎聲,

1889~1959) 장군은 광복군 훈련처장을 지낸 인물로 군정청 국방경비대 통위부 제2대 차장을 지냈다. 국군 창군 당시 육군 총사령관이었으므로 여순사건 진압 때 5사단장을 겸해 토벌 작전을 지휘했다. 김구의 측근이었던 탓인지 1950년 2월 육군 중장으로 예편했다. 6·25전쟁 때 남북되어 북한에서 죽었다.

6·25전쟁이 나자 광주 주둔 국군들은 모두 전쟁 일선으로 이동했다. 남침 2개월 16일 만인 9월 10일에 인천상륙작전이 시작되고 9월 28일 서울이 수복되었다. 허리가 잘린 북한군의 일부는 지리산 등 남한 각지의 산속으로 숨어들었다. 북한군은 후퇴를 거듭해 한 달 만인 10월 17일, 평양을 내주었다. 그리고 10월 19일 중공군이 압록강을 건너 북한군을 지원했다. 이듬해 1월 4일 유엔군과 한국군은 재차 서울을 내주고 3월 15일 서울 2차 탈환에 성공한 뒤 남북전쟁은 3·8선을 사이에 두고 2년간 장기전이 계속되었다. 1953년 드디어 휴전 협정이 이뤄졌다.

체계적인 군사 훈련 시작

이 같은 병란을 겪으면서 뒤늦게 국군은 미군의 자문을 받아가며 훈련 체제를 갖추는 등 전력 증강에 나섰다.

남한군은 두 번째로 서울이 북한군에 점령되기 직전 12월 국민방위병법(1950. 12. 10.)을 만들어 40세 이하의 남자 50만 명을 소집했으나 전선에 투입할 준비가 되지 않았다. 이들이 남하하는 동안 1만 2천여 명이 굶어 죽었고 20만여 명은 동상에 걸려 아비규환이었다. 이철승 국회의원이 전쟁 중 임시수도 부산에서 국민방위군 간부들이 의복과 보급품을 횡령 및 착복했다는 의혹을 제기했다. 이것이 사실로 밝혀지자 국민방위군사령관 김윤곤과 부사령관 윤익현 등 7명이 총살되고 당시 국방장관 신성모가 물러났다. 이것이 국민방위병 사건이다.

창군 전후 남한군은 사병 경력자라도 장교를 원하면 군사영어학교의 후신으로 만들어진 국방경비사관학교에 입교시켜 1백 일(14주) 가량의 교육을 받으면 장교로 임명해 각도에 신설한 연대에 보냈음은 이미 설명했다. 이때 모병은 갈 곳 없는 젊은이들을 긁어모아 숫자만 차면 1개 대대를 만들고, 같은 방법으로 연대를 만드는 등 숫자 채우기에 연연했다. 사병 교육은 주로 부대에서 제식 훈련과 소총 쏘기에 치중했다.

기술사병의 양성이 가능한 곳은 1947년 1월 경남 진해에 설립한 통신교육대와 국군 창설 작업이 시작된 1948년 11월 서울 영등포에서 발족한 야전포병학교 정도였다. 보병학교는 1949년 7월에야 경기도 시흥에서 창설되어 8월 10일 개교식을 열고 장교들을 입교시켜 참모학을 교육시켰다. 오합지졸로 긁어모은 군대의 지휘 체제나 교육 방법이 통일되지 않았기 때문이다. 미군은 국방권을 한국에 넘겨주었으나 군사고문단을 파견해 국군의 조직과 성장을 지도 감독하고 있었다.

1949년 4월 미국 군사고문단은 ① 위관급 장교들에게 초등 병과 교육을 실시할 것 ② 현 장교의 30%에도 고등군사반 교육을 실시할 것 ③ 참모대학을 설립해 지휘능력을 높일 것 ④ 장교 후보생을 뽑아 교육한 뒤 새 장교들을 배출할 것 ⑤ 특기병 교육을 실시할 것 등을 한국 정부에 건의했다. 이 같은 권유에 따라 기성 장교들을 교육시키는 보병학교가 설립되었고 1950년 1월에는 6개월간의 훈련 후 임관시키는 갑종 간부 후보생 모집과 입교가 이뤄졌다.

1950년 6월 27일과 7월 7일까지 사이에 유엔안보이사회는 한국에 대한 무력 공격의 원상 회복과 원조 결의에 따라 미군 지휘하에 유엔군 참전이 결정되었다. 이 같은 첫 결의가 있자 6월 27일 미국 극동함대와 제5공군이 한국전에 참가하고 미국 육군 30만 2천여 명이 한국 전선에 투입되었다. 이승만 대통령은 7월 들어 미군 맥아더사령관에서 작전권을 위임했다. 이때부터 남한군은 미군 작전의 보조적 기능에 멈춰 낙동강 저지선 사수에 급급하게 되었다. 전쟁 중 한국군의 훈련 기능은 모조리 마비된 상태였다. 보병학교는 1950년 8월 7일 대구로 이동, 육군중앙훈련소라고 명명했으나 훈련에 들어가기 3일 만에 경주중학교로 옮겼다. 다시 5일 만인 8월 15일 부산동래 내성초등학교로 옮겨 육군종합학교라 했다. 육군사관학교와 보병학교도 통합했다. 그마저 보름만인 8월 31일에는 다시 제병학교라는 괴이한 이름으로 입교식을 가지고 이튿날 다시 육군종합학교로 이름을 되돌렸다.

6·25전쟁 발발 55일 만인 8월 18일 정부는 부산서구 부민동에 임시정부를 옮겨왔다. 9월의 인천상륙작전으로 전세가 호전되던 때라 한국군의 규모 있는 훈련이 시작될 수 있었다. 부산 임시정부는 휴전이 설립된 뒤인 1953년 8월 15일에야 서울로 환도했다.

1951년 3월 서울 2차 수복 이후 전쟁은 7월부터 3·8선을 중심으로 공방이 지속되면서 장기화 조짐을 보였다. 내면적으로는 휴전 협정이 논의되고 있었다. 1년도 못 된 전쟁 기간 동안 3만여 명의 전사자를 낸 미군은 한국군 자체의 전력 보강을 서둘렀다.

1951년 5월 유엔군은 한국군 교육 개선책을 마련해 시행에 들어갔다. 전투병과교육 훈련 시설을 집중하고 미국 군사고문단 요원을 증가할 것, 한국군의 지휘 통솔 훈련의 강화와 한국군 미군사학교 교육 파견 등이었다.

이에 앞서 한국군은 사단마다 야전훈련사령부를 두고 미군 고문단이 제공하는 교육 프로그램에 따른 신병 훈련을 실시했다. 미군은 1948년 대구에 조선경비대훈련소를 개설한 뒤 특기병인 기관총 및 대전차포 교육을 실시했었다. 1958년 7월에는 대구 산격동에 제25교육대를 개설했으나 6·25전쟁으로 제구실을 못 하다가 1951년 1월 21일 제주도 서귀포시 대정읍 상모리 일본 제58군 주둔지 터로 이동해 제1

훈련소라 이름했다. 또한 이때 여러 곳에 분산되어 있었던 여러 훈련소를 모두 통합했다. 대구훈련소가 오기 전인 1950년 7월에는 제주항에 임시로 개설된 제5훈련소가 신병 훈련을 맡았고 거제도에서는 제3훈련소를 운영했다. 제주훈련소는 1956년 4월 30일 폐쇄하기까지 6년간 50만 명의 사병을 길러냈다.

논산에 세운 제2훈련소는 제주에 제1훈련소를 개소하던 같은 해 11월 개설했다. 제주의 제1훈련소 폐쇄 후 특기병이 아닌 신병 훈련은 단일화되었다. 오늘날 이 논산훈련소는 1991년 육군훈련소로 이름이 바뀌어 주로 특기사병의 기초 훈련을 맡는다. 각 사단 예하 신병교육대들도 신병 교육을 맡고 있다.

장교 훈련은 육군사관학교와 육군보병학교가 맡고 있었다. 광복 직후 미군 정책에 의해 군사영어학교가 설립되어 군대 근무 경험이 있는 장교들을 교육하여 임관시켰음은 앞서 언급했다.

1946년 1월 조선국방경비대가 발족한 뒤 이해 5월 태릉에 경비사관학교가 개교해 장교 양성에 들어갔다. 1948년 정부 수립 후 육군사관학교로 이름을 바꿨다. 이 육사와 다른 육군본부 직할 육군보병학교가 1949년 7월 경기도 시흥에 문을 열었다. 이 학교는 이미 임관한 장교들의 보수 교육 기능을 맡았다. 그러나 6·25전쟁으로 사관학교와 보병학교는 모두 교육 기능을 잃고 전선에 투입되었다.

정부는 미국 군사고문단의 교육시설 집중화 권유에 따라 교육총감부라는 기구를 만들고 시설 집중화 적지를 물색했다.

미군의 광주 진주

　미군이 서울에 진주한 이튿날인 1945년 10월 10일 소령급 단장으로 한 일단의 미군들이 광주에 도착, 광주부청 등 몇 기관에 대한 출납 업무 정지를 지시하고 떠났다. 13일 뒤인 23일, 미국 제40사단 길버트(GilBert) 소령을 비롯한 20여 명이 광주에 도착해 비어 있던 양림동 남장로교 선교사들의 사택에 들어가고 사병들은 수피아여중 과학관을 징발했었다. 이곳 양림동 미국 남장로교 선교부 땅이나 집, 학교 등은 1940년 일본총독부가 이미 몰수해 적산이 되어 있었다. 그래서 양림동 선교 시설들을 미군이 사용했고 6·25 때 인민군들도 이곳에 본부와 감옥을 두었다. 오웬기념각은 군정청감옥으로 징발되었다. 수피아여중과 선교사 사택들도 당시 모두 비어 있었다. 수피아여중은 1937년 신사 참배 거부로 폐교된 뒤 선교사들마저 철수하자 일본의 징발 재산이 되어 있었다. 미군정청이 일본인 지사로부터 업무를 인수받은 것은 10월 7일이고 8일에 광산군 극락면의 일본군 군사시설도 인계받았다.

　그동안 무주공산이었던 초대 전남미군정지사는 펩크(D. R. Pepke) 대령이었다. 최흥종, 최종섭, 최영욱, 장용태 등을 고문으로 위촉했다.

　최영욱은 그의 형 최흥종(본명 최영종) 목사의 교회 활동에 동참해 미국으로 유학, 의학 공부를 하고 귀국해 서석병원을 운영하고 있었다. 그의 처는 김필례로 일찍이 광주 YWCA 창립에 앞장선 여성이었다. 콜럼비아대학원 출신이라 남편과 함께 미군정 업무에 협력했다. 미군정청은 이해 11월 곧 최영욱을 전남도지사로 임명했다.

광주는 미군이 진주하여 군정청에 의해 정식으로 도정을 시작한 10월 27일 전까지 여운형이 주도한 과도기 자치기구라 할 건국준비위원회의 도위원회와 시위원회에 의해 63일 동안 운영되고 있었다. 이때는 일본 군대는 물론 일본 경찰마저 완전히 정식 해산된 상태가 아니었다.

전남 건국준비위원회는 8월 17일 광주극장에서 결성되었다. 최흥종 목사를 위원장으로, 부위원장에는 김시중, 강해석을, 이덕우는 치안부장을, 총무부장에는 국기열, 재무부장에 고광표를 선출했다. 광주시위원회는 9월 30일 열렸다. 위원장에 서우석(徐禹錫)을 선출하고 사무실은 도청 곁 상공회의소사무실로 결정했다. 9월 3일에 열린 도민대회에서는 조직을 개편하여 위원장에 박준규, 부위원장에 국기열 등이 선출되었다. 개편된 건준의 부서는 도 행정기구와 유사하게 바뀌었다.

8월 18일 결성한 광주청년단(단장 김석, 부단장 주봉식)이 도치안부장 김덕우로부터 광주의 치안을 위임받았다. 청년단 본부는 도청 광장 앞 무덕전으로 정했다. 청년단이 치안을 맡고 있는 동안 친일 고등계 형사 강 씨가 피살되고 여러 명의 친일 인사들이 린치를 당했다.

10월 14일에는 군정청에 의해 전남경찰위원장에 추대된 노주봉이 총탄에 맞아 숨졌다. 그는 일본총독부 시절 일본 경찰 경시를 지낸 경찰이었다. 이 사건으로 광주 청년단장 김석과 부단장 주봉식이 구속되었다. 도내 경찰서는 목포경찰서를 최후로 모두 민정청 경찰부대에 인수되었다.[25]

---

25) 『광주시사』, 1980, 2권, 509쪽.

일본 군사기지에 국방군 제4연대 창설

일본 군사기지로 쓰이던 극락면 비행장 일대는 1946년 1월 남조선 국방경비대 제4연대 병영으로 지정되었다. 당시 남조선국방경비대는 일본군이나 만주군 또는 독립군 근무 경력이 있는 장교들을 입교시켰다. 미군과 대화가 가능하도록 교육한 군사영어학교 출신들을 중심으로 187명을 모아 1개 중대를 편성한 다음 이들을 2~3명씩 짝지어 각 도에 파견해 모병을 시작했다. 1개 대대는 270여 명이 모병되면 중대라 하고 이런 중대가 3개가 되면 대대라 불렀다. 광주 4연대는 5월 4일에야 겨우 2개 중대 병력을 확보했다. 광주 4연대 창설을 위해 파견된 사람은 만주군 중위를 지낸 김홍준(金洪俊) 부위였다. 미군정청의 루빈 대위가 고문, 마그넬 중위가 경리 책임자를 맡아 진행했다.[26]

당시 창설 2중대장은 일본 학도병을 탈출한 뒤 광복 후 군사영어학교를 나온 최홍희(1918~2002) 참위로 태권도를 보급하다가 정일권 정위에 부대를 인계하고 제2연대로 전출해갔다.

1947년 가까스로 연대 체제를 갖췄으나 5월 12일에야 이한림 소령이 정식 연대장에 취임했다. 이때까지도 미군정청은 국방을 자신들의 임무처럼 생각했다. 국내 치안에 치중하느라 경찰우대정책을 썼다. 이 때문에 군인들은 항시 열등감을 느꼈다. 경찰에 쫓긴 범법자들이 군에

---

26) 『광주시사』, 1980, 543쪽.

입대하는 경우도 많아 좌경화 군인들이 주력이 되어 좌익혐의자검거에 앞장서는 경찰과 대립하는 판세였다. 1947년 6월 2일 광주 4연대 병사들 270여 명은 영암서에 구속되어 있는 김형남 하사의 석방을 요구하며 영암경찰서를 포위하고 4시간 30분가량 총격전을 벌인 일도 있다. 이 총격사건으로 경찰관 1명과 하사관 2명이 숨졌다.

광주 4연대는 신병 모집을 계속해 4연대에서 1개 대대를 분리, 1948년 5월 4일 여수 14연대를 창설했다. 광주 4연대는 연대 수가 늘면서 대전에 근거를 둔 제2여단 소속이 되었고 몇 달 뒤 5여단 소속으로 소속이 바뀌었다.

광주 4연대는 여단 소속이 되기 직전인 1948년 4월 3일 제주폭동사건이 일어나자 제주도를 관할하던 위수사령부의 기능을 맡아 여수 제14연대 1개 대대를 파견하기에 이른다. 여수 제14연대로 보내진 광주 4연대 산하 대대에는 문제의 폭동 주역으로 광주 연대의 골칫거리였던 김지회, 홍순석 중위와 지창수, 정낙현 상사가 끼어 있었다.

김지회 중위는 14연대 1대대 1중대장, 홍순석 중위는 순천파견대장, 지창수 상사는 연대인사처 선임하사, 정낙현 상사는 연대정보처 선임하사였다.

10월 19일 여수 14연대 1개 대대에 제주폭동진압을 위한 출동 명령이 내려졌다. 지창수 상사는 이날 밤 11시 비상 나팔을 불어 연병장에 연대 병력을 소집한 뒤 '경찰이 쳐들어온다. 이들을 타도하고 남조선 해방을 이루자.'고 선동했다. 이에 반대한 사병 3명을 사살하고 3명의 대대장도 사살했다. 곧 경찰서를 공격했고 경찰서장 및 우익 인사 70여 명이 사살되었다. 광주 제4연대는 이 소모를 진압하기 위해 1개 중대 병력을 파견했으나 반군에 합류해버렸다.

10월 21일 정부는 반군토벌전투사령부를 발족, 당시 조선국방경비대 육군총사령관 송호성(1889~1959) 준장(광복군 훈련처장 출신)을 지휘관으로 임명했다. 이 토벌작전에는 광주 4연대가 속한 5여단(대장 김백일)과 2여단이 동원되었다. 10월 21일 순천이 진압되었고 10월 27일에는 여수가 수복되었다. 이 사건으로 4천여 명의 인명 피해가 났다. 이것이 10·19여순사건이다.

항명 장교였던 김지회와 홍순석은 구례를 거쳐 지리산에 들어가 저항을 계속했다. 1949년 4월 18일 지리산지구전투사령부(정일권 준장) 토벌군이 김지회를 사살했다. 1950년 1월 25일 소탕전을 마감한 뒤 토벌작전사령부는 해체되었으나 200여 명의 공비 잔당은 여전히 지리산에 숨어 있었다. 훗날 지리산 남부군사령관이 된 이현상이 이 사건에 참여했던 것으로 밝혀졌다. 광주 4연대는 20연대로 부대 이름을 바꿨다.

이현상은 충남 금산면 군북면 외부리 출신으로 일제 강점기 때 이미 공산주의 조직인 경성콤그룹에서 항일운동에 참여해 감옥살이를 한 인물이다. 1946년 박헌영과 월북했다가 10·19여순사건이 터지자 월남해 지리산 빨치산 조직을 지휘했다. 6·25전쟁이 일어날 때까지 잡히지 않고 계속 게릴라전을 펼쳤던 그는 1951년 7월 조선인민군유격대 남부군총사령관에 임명되었다. 지리산 공비 저항은 계속됐으나 1953년 4월 북한에 의해 남로당 박헌영 숙청 때 김지회는 같은 죄목으로 숙청 대상이 되어 평당원으로 강등된 뒤 9월 16일 국군 토벌군에 사살되었다.

지리산공비토벌작전으로 2만 8,778명이 사살되고 4,930명이 생포되었다. 2만 3,749명은 귀순해 형을 받거나 귀가시켰으므로 지리산 공비의 총수는 5만 7,457명이었던 셈이다. 이들 가족 대부분은 군사정권시절 연좌제의 대상이었다.

1955년 3월 박갑출(화순군인민위원회 위원장) 등이 사살되면서 지리산공비토벌작전은 끝났다.

6·25전쟁과 광주

6·25전쟁이 일어났을 때 광주 주둔 제20연대는 1개 대대를 문산 방면으로 이동, 남침 북한군에 맞서도록 했으나 북한군의 탱크 부대를 이겨낼 수 없어 행주나루를 거쳐 한강변에서 연대 병력에 합류했다가 낙동강다부동전투에 참가했다.

20연대 2개 대대 병력은 지리산공비토벌 경험 부대라는 경력 때문에 의정부 전선에 투입되었으나 역시 몇 번의 저항만 했을 뿐 연대장 함준호 대령을 잃고 우이동에서 포위되었다가 가까스로 탈출에 성공, 한강을 건너 다시 제3대대와 합류해 낙동강으로 후퇴했다.

광주 주둔 군대가 전선으로 투입되어 낙동강변으로 밀리는 동안 호남 지방에서는 경찰 병력을 포함한 '서해안 지구 전투사령부'가 발족하고 전남 지구 사령관에 이응준 소장이 임명된다. 그는 광주에 새로 26연대를 편성해 제5사단 예하로 묶은 다음 전남경찰국의 경찰 부대를 창설했다. 광주 연대 병력이라야 급히 모집한 신병으로 구성된 1개 대대 병력에 불과했다. 북한군 제6사단이 군산을 거쳐 전주에 진격해 들어왔다. 광주 26연대는 이들의 남하를 막기 위해 7월 21일 정읍에서 북한군 1개 소대를 물리쳤으나 다음 날 22일 전주의 6사단 병력이 쫓아오자 장성으로 후퇴했다.

북한군 제6사단은 광주 26연대의 뒤를 쫓아 23일 장성을 거쳐 광주 근교에 도착, 산동교에서 한판 벌였다. 탱크를 앞세운 북한군에 이

신창동과 운암동을 잇는 산동교. 북한군 제6사단은 광주 26연대의 뒤를 쫓아 23일 장성을 거쳐 광주 근교에 도착, 산동교에서 한판 벌였다.

길 수 없던 군경합동군은 광주에서 철수, 보성으로 후퇴했다.

전남에 주둔해 있었던 군경과 도청 간부들은 25일과 26일 사이에 부산과 마산으로 철수했고, 이로 인해 광주에서는 72일 동안의 북한군 치하가 시작됐다.

9월 28일 서울이 수복되고 패색이 짙어지자 북한군과 인민위원회는 광주형무소에 수감 중이던 우익 인사 2천 5백여 명 중 군정 시절 초대 도지사 최영욱, 일제 강점기 호남은행 두취 현준호 등 70여 명을 사살하고 철수한다. 같은 날 화순정치보위부장이 나타나 1백여 명을 호출하여 화순으로 인솔한 뒤, 이튿날 너릿재 곁 이십곡에서 모조리 총살했다.

10월 3일에야 남원에 도착한 전남경찰부대는 미군의 지원을 받아 담양을 거쳐 오후 6시 30분 광주에 들어왔다.

10월 8일 다시 미군 1개 중대 병력이 영광 법성포를 거쳐 광주에 도착, 광주중앙초등학교에 병영을 꾸렸다. 10월 9일 무등산에 은신해 있던 공비들이 서방파출소를 공격, 6명의 경찰관이 죽었다. 광주에는 미군과 경찰이 자리 잡았으나 공비들이 습격하던 때라 경찰이 진주하지 않았던 신안군 여러 섬과 영광 불갑산 주변 주민들은 공비들의 습격을 받아 수백, 수천 명이 학살되었다. 영광은 뒤늦게 10월 30일에야 경찰 병력이 투입되어 공비들에 대한 보복 사살이 자행되었다.

광주에는 육군 제11사단 20연대가 옛 자리인 극락면 쌍촌리 병영에 곧장 들어가지 않고 서석초등학교에 진을 쳤다. 낙동강전투 때 부대 이름은 12연대로 바뀌었으나 광주로 오면서 되찾았다. 그렇지만 10월 29일 무등산 공비들은 서석초등학교 연대 병영을 급습했다. 당시 호남에는 지리산에 남부군 주력 부대가 있었고 불갑산, 추월산, 백아산, 국사봉(장흥) 등에 부역자들이 숨어 게릴라 작전을 계속했다. 미군은 호남 지역의 공비 규모가 2개 사단에 달할 것으로 추정하고 육군 정예 부대로 제11사단을 창설(사단장 최덕신, 참모장 박경원)하여 20연대, 13연대, 9연대를 운영했다. 11사단은 남원에 본부를, 13연대는 전주에, 9연대는 함양에 배치해 평야지대 안전 작전을 펼쳤다.

화순 백아산 공비는 1951년 7월에야 잠잠해졌지만 미군 정찰기 1대가 격추되는 피해를 입었다. 장흥 유치면 국사봉 공비는 1951년 7월 21일에야 진압되었다. 담양 추월산 공비는 1951년 8월 25일에야 소탕전을 거의 끝냈다.

남원의 제11사단은 1951년 4월 5일 강원도 정선에 투입되고 새로 8사단이 이동해 왔다. 이처럼 어수선한 가운데도 광산군 극락면 일본군 병영이 상무대 기지로 선택된 것은 그만큼 높은 점수를 받은 병영지였음을 말해준다.

중앙포로수용소

1950년 10월 이후 1955년 3월까지 사이에 귀순, 생포 인원 2만 8,679명은 대부분 산속 생활로 영양 결핍은 물론 질병에 걸려 있거나 총상을 입는 등 부상자들이었다. 이들 중에는 남파된 북한의 정규군도 포함되어 있었으나 남한 부역자들마저 모두 전쟁 포로로 취급하면 이미 성사 단계에 접어든 전쟁 포로 송환에서 북한군 포로와 함께 북한으로 보내야 했다. 이 때문에 전시비상사태특별조치법이나 국방경비법 등 국내법 범법자로 분류해 미군 통제에서 벗어나 국내법에 의한 재판을 받도록 했다.

그렇더라도 일반 국내법 범법자들과 같이 형무소에 보내거나 구치소에 보내 법원 판결을 받을 대상들이 아닌 데다가 재판 전에 치료를 받아야 할 부상자 또는 영양 실조 및 질병자였다. 여자 귀순자나 체포자는 전남대의대 간호학교에 수용해 치료했다. 남자들은 전남의대병원 앞에 있던 현 병무청 마당에 철망을 치고 수용하여 치료했는데 이곳을 광주수용소라 부르기도 하고 중앙포로수용소라고도 불렀다. 이 두 곳이 포로수용소 겸 빨치산 부역자 구치소로 쓰인 것은 지리산토벌작전이 시작된 1950년 11월 이후로 본격적인 형태를 갖춘 시기는 1951년 봄이었다. 이 두 곳의 빨치산포로수용소는 지리산 토벌이 막바지에 이른 1953년 3월 28일자로 철폐하고 그 이후 빨치산들은 경찰서 구치소와 형무소에 수용했다. 대부분이 지역 부역자들이었으나 북한 정규군도 402명이나 붙잡혀 이들은 미군 관할의 거제포로수용소로 보냈다. 이 중에서도 북송을 원하지 않는 31명은 반공 포로 석방 때 석방되었다. 지리산에서 붙잡힌 이인모는 군인이 아닌 민간인으로 분류, 미전향 장기수로 형무소 생활을 하다가 1993년 북한으로 보내졌다.

상무대에 있던 포로수용소(위).
1952년 12월 포로수용소를 방문한 이승만 대통령(아래).

반공포로수용소

상무대포로수용소는 거제포로수용소에 수용 중이던 북한군 중 북송을 원하지 않는 포로들을 수용한 반공포로수용소였다. 1951년 2월 세워진 거제포로수용소는 수용 인원이 17만 명을 넘어선 데다 휴정 협정을 앞두고 북한 송환을 거부하는 반공 포로와 송환을 원하는 친공 포로 간의 충돌이 잦자 1952년 4월 반공 포로 3만 5,698명을 골라내 광주, 대구, 논산 등 육지부 군사시설지 8곳에 나눠 수용했다. 이들은 1953년 6월 초 휴전 협정을 앞두고 유엔군과 북한군 간의 포로 송환 협정이 이뤄지자 6월 18일과 19일 이틀간에 이승만 대통령의 명령으로 반공 포로 석방을 시킬 때 광주에서만 1만 432명이 탈출에 성공했다. 이 숫자는 전체 탈출자 2만 7,388명의 38%로 국내 8곳의 수용소 중 가장 많은 인원이었다. 그러므로 광주에 북한군 반공 포로가 온 것은 1952년 4월이고 철조망을 벗어난 것은 1953년 6월 18일이므로 1년 2개월간 지낸 셈이다.

광주는 군사시설과 비행장이 같이 있어서 당시 극락비행장은 상무대포병학교 항공과 훈련비행장이자 부산에 있는 미군이나 고문단이 해운대비행장에서 비행기를 타고 광주로 올 때 사용하는 군용비행장으로 쓰이고 있었다. 이 비행장은 철조망이 민간 출입을 가로막아 비행장 끝부분 활주로와 공지에 텐트를 치고 포로를 수용했다. 그러나 이곳은 상무대 교육시설과 연접해 있었고 부산과 광주 간 군사비행이나 포병학교 항공과 수련에 지장이 되었기에 일본군이 비행장 탄약고로 쓰던 사월산 기슭, 현재의 공군 탄약고 자리로 위치를 옮겼다.

이곳 땅들은 일본군이 징용한 땅이기도 했지만 그 주변에 이미 민가가 많이 들어서 있었다. 다행히 벽진동 2, 82, 88 등 땅이 적산 땅으로 있었으므로 이를 징발하고 이웃해 있는 금호동의 618, 640, 682, 683번지 땅을 징발해 2개의 수용소를 지어 비행장 수용 포로들을 옮겼다. 오늘날 벽진동 포로수용소 땅과 금호동 포로수용소는 다같이 공군 탄약고와 군사시설 보호지구로 묶여 있다.

이곳 포로수용소 관리는 미군 책임이었으나 경비 임무는 한국군 제55연대 1개 대대 969명을 파견해 미군 경비 보조를 맡겼다. 금호동 포로수용소는 포로 석방 뒤 통신학교 현장실습장, 보병학교의 화생방 실습장 등으로 쓰였다.

이승만 대통령은 다시 3·8선을 경계로 휴전을 성사시키기 위해 포로 교환부터 서두르는 미군에 반감을 갖고 휴전 반대 시위를 은밀히 조장하면서 미군에 만일 한국 국민의 의사에 반해 휴전을 성립시키면 미군에 넘긴 전시작전 지휘권을 회수해 국군 독자적으로 북진하겠다고 미국을 위협했다. 이 같은 강경 자세에도 6월 8일, 드디어 포로 교환 조인이 성립되자 이승만 대통령은 은밀하게 반공 포로를 석방해 탈출을 위장하도록 지시했다.

광주에 파견된 헌병장교 임기택 중령은 교육사령관 한석 소장을 만나 대통령의 명령을 전달했다. 이어서 미군을 도와 포로 경비를 담당하고 있던 한근호 중령을 만나 탈출 계획을 수립했다. 당시 포로수용소에는 미군 335명이 근무하고 있었으므로 한국경비군을 시켜 사월산에 조명탄이 올라가거든 무조건 철조망을 뛰어넘어 민가로 들어가라고 귀띔했다. 16일 새벽 1시 30분 사월산에 조명탄이 솟아오르자 한국경비병들은 미군 숙사 주변을 향해 위협 사격을 개시했다. 이때 철조망 주변 조명등도 모두 박살났다. 뒤늦게 포로들이 탈출하는 것을 발견한 미군들의 사격으로 5명이 즉사하고 8명이 부상을 입었으며 173명이 미군에 붙잡혔다. 광주 제5포로수용소의 반공 포로 1만 610명 중 1만 432명이 탈출에 성공했다. 인근 민가에 배치되어 있었던 경찰관들은 탈출에 성공한 포로들의 옷을 갈아입힌 뒤 전남 서남해안 지역으로 피신시켰다. 이들은 대부분 살길이 마련되지 않아 다시 국군에 입대했다.

대부분의 반공포로수용소가 위장 탈출에 성공했으나 부평수용소에서는 4백 명 포로 중 30명이 미군 사격에 희생되었다.[27]

8개 포로수용소 수용 인원 3만 5,698명 중 2만 7,388명이 탈출에 성공했다. 이 사건으로 세계적인 여론이 들끓자 이승만 대통령은 이틀 뒤 이 탈출은 자신이 명령한 석방이라고 발표했다. 이 대통령은 휴전 협정이 성립되면 미군이 한반도에서 철수할 것을 걱정했다. 그는 미군을 한반도에 묶어두기 위해 무슨 짓이든 하겠다는 의지를 보여준 셈이다. 결국 상호방위조약을 맺어 남한의 안보를 책임지겠다는 미군의 약속을 받아냈다.

포로 교환과 휴전 협정은 북한군 측 항의로 불가피하게 연기되다가 7월 27일 드디어 휴전 협정이 먼저 체결되었다. 뒤따라 이어진 포로수용계획에 따라 북한군 7만 6,183명과 중공군 5,640명이 3·8선을 넘어 북으로 갔다. 북한에 붙잡혀 있던 유엔군 4,911명과 한국군 7,862명이 남한으로 돌아왔다. 당시 북한에 한국군 포로 5만 명이 붙잡혀 있다는 소문이 돌았으나 이들은 끝내 돌아오지 못하고 강제노역에 시달리다가 뒤늦게 북한을 탈출해 돌아온 인원은 80명이 넘는다. 당시 중공군 중 1만 4,704명이 북송을 원하지 않아 제주포로수용소에 수감했다가 대만으로 보냈다.

당시 북한군 74명과 한국군 2명이 본국 송환을 거부해 제3국인

---

27) 『광주산책』 상권, 286쪽.

인도로 보내졌다가 남미로 이주했다. 이 같은 내용은 『76명의 포로들』(나정은·주영복, 1993.)과 『한국전쟁과 포로』(한국학중앙연구원, 2010.)에 자세히 소개되어 있다.

거제포로수용소는 오늘날 경남군등록문화재 제99호로 지정되어 보존되고 있다. 인근에 공원이 조성되어 거제관광자원의 제1번지로 활용하고 있다. 1만 명 이상의 반공 포로가 자유를 찾아 넘은 철조망이 광주에 그대로 남아 있으나 표지석 하나 없다. 아시아문화중심도시라 자랑하는 광주는 국내에서 유일하게 구시가지가 없는 신흥 도시 모습을 자랑으로 여긴다. 남아 있는 근현대 역사 흔적이라고는 현대사의 일부인 5·18민주화운동 현장이 대표적일 뿐이다. 고국과 가족을 버리고 자유를 택한 포로수용소 터는 자유의 상징으로 기억되어야 한다.

상무대와 광주시 성장

1952년 상무대가 간판을 내걸던 해 광주시 인구는 13만 1,397명이었다. 이때는 아직 상무대 땅이 광주시가 아니라 광산군 극락면 땅이었으므로 당시 광산군 인구 10만 명을 합하면 광주 권역 내 인구는 23만 명 내외였다.

상무대는 광주시에 속했던 광주천과 접해 있을 뿐 읍내에서 20리 이상 떨어져 있는 영산강변 하천 범람 지역이었다.

이곳에 1952년 1월 부산 인근에 있던 보병, 포병, 통신병과 훈련소가 옮겨오고 이 교육기관을 지원하기 위한 공병대, 수송대, 병원, 통신지원대 등 크고 작은 부대들이 자리를 잡았다. 이해 4월에는 거제포로수용소에 있던 반공 포로 1만 432명이 옮겨와 벽진동 사월산 기슭과 금호동에 수용되었다. 이 포로 경비를 위해 미군 335명과 이를 보조하기 위한 한국군 969명이 배치되었다. 그러므로 광주와 광산구 인구 23만 시대에 상무대를 중심으로 교육총본부 상비기간요원과 3개 학교 기간요원 및 이 학교들의 교육을 위한 지원부대 공병, 통신, 수송요원과 포로수용소 근무요원 1천 3백여 명을 합하면 1만여 명의 상비군이 근무하고 있었던 셈이다. 이 3개 학교에 입교해 훈련받던 군인까지 합하면 거의 하루 3만여 명의 군인과 포로 들이 생활하고 있었다. 당시 광주는 전라도의 중심 도시로 시민 28% 가량이 학생이었다. 7~8%가 65세 이상 노인이라 광주의 경제활동인구는 광산군 농촌 지

5·18자유공원에 있는 옛 상무대 조감도.

역을 합해 15만 명 전후였다. 당시 광주·광산인구통계에는 영내 거주 군인은 포함시키지 않았으므로 광주·광산 경제활동연령층 성인에 20% 가량의 군인이 섞여 살았다.

광주시가 1965년에 간행한 『광주시사』 186쪽에 재미난 교통량 조사표가 실려 있다.

시내 중요지점 교통량 조사표(발췌, 1965. 5. 30.)

주요지점	일반 승용차	화물차	계	군용차	%
광주역전	1,297	107	1,404	167	11.9
계림동 건널목	1,279	267	1,546	383	24.7
남광주역	757	214	971	157	16.1
마륵리	640	77	717	555	77.4

이 조사표를 보면 광~송 간 도로변인 상무대 앞 마륵리 도로변 운행 차량은 77.4%가 군용 차량이었다. 다음으로 군용 차량의 통행이

광주 상무대 163

수훈 선수 환영 카퍼레이드.

많은 곳은 계림동 건널목이었다. 남광주역이나 광주역전의 군용 차량 운행 수는 10~20% 가량이다. 성인 다섯 명 중 한 명은 군인이고, 시내 주요 도로를 누비고 있는 차량의 10% 이상이 군용 차량인 도시는 군사도시라 부를 만하다.

1960년대 광주에서 종업원이 가장 많은 기업은 전남방직으로 1,496명, 일신방직이 1,278명이었다. 이 밖에 호남전기(?), 전남제사(?), 광주자동차(250명), 남일피혁(27명), 남선연탄(497명), 무등양말(68명), 고려도자(110명) 정도였다.[28]

시내 전체 제조업체 828곳의 종사원 총수가 6,623명(1965년 3월 통계)이었으므로 상무대 종사자 수에 견준다면 상무대는 광주 경제의 심장이라 할 만했다.

---

28) 『광주시사』, 1965, 155~160쪽.

필자는 1958년부터 1961년 말까지 상무대 육군 항공학교 기간사병으로 근무했다. 당시 나는 사병이면서도 밤이면 장교들과 함께 군용트럭을 타고 조선대학교 야간학부 법학과를 다녔다. 항공학교에서만 20여 명이 다녔으므로 상무대 여러 부대를 다 합하면 1백 명 이상이 취학했던 것 같다. 영관급들은 별로 출석하지 않고 졸업증을 주던 때였으므로 몇 명쯤이 등록금만 냈는지 알 수 없는 일이다.

전남대학교 박물관의 '상무택지개발지구 종합학술조사'(1978년…이하 전남대조사보고서) 79쪽에 안종철 씨의 '상무대와 지역사회' 항목이 나와 있다. 이 자료에서는 상무대 근무장교들의 조선대학교 야간부 졸업생 수가 1989년 32명, 1990년 20명, 1991년 52명, 1995년 67명이라고 소개하고 있다. 이때는 이미 상무대 근무 장병들이 장성으로 이동한 뒤이므로 그 수가 적을 수밖에 없었다. 말할 것 없이 상무대 근무중 취학하면 부대를 옮겼어도 학업을 계속할 수 있었다. 대위나 소령 등 고급군사반 교육 중이 아니더라도 취학은 가능했다. 오래전에 이미 나 같은 사병도 장교들과 함께 강의를 받았으므로 군 근무 중 조선대학교에 취학하고 그 이후 이동지에서 수학을 끝낸 수까지를 합한다면 상무대와 인연을 갖고 광주 소재 대학을 졸업한 수는 종잡아 5천 명에 달할 것으로 생각한다. 특히 초창기 조선대학교가 안정되어 있지 않았던 시기의 조선대학교 학적자는 1980~1990년대보다 훨씬 많았다.

1980년에 개교한 광주대학교 취학 군인들도 있었으므로 상무대 장병들의 광주 지역사회 친연관계는 다른 야전 군부대와는 많이 달랐다. 시내 주요 행사 때는 전투병과 교육사령부 군악대와 의장대가 시가지 퍼레이드에 앞장섰고 미스코리아 선발대회 때나 우승 선수 귀향 때는 군수송대의 짚차가 지원되었다.

특히 상무대 사병들의 주말 외출은 광주 시내 경기를 좌우했다. 본디 사병들의 휴일 외출은 영내 대기 병력을 제외한 인원을 부대장 재량으로 허가했기 때문에 그 인원 수는 시내 경기에 크게 영향을 주었다. 지휘관에 따라 외출 인원 허가에 융통성이 없는 부대에는 시 상공회의소 관계자들이 방문해 사병 외출을 건의하는 일이 잦았다. 이런 경우 피교육 중인 사병들까지도 1박 2일 외출을 허가하는 일이 있어서 심할 때는 수천 명이 시내로 쏟아져나왔다.

이 같은 외출 군인들을 겨냥한 업소가 특히 발전한 곳이 광주이기도 하다. 전남대의 학술조사보고서에서 송용엽 교수는 보고서 115쪽에서 1957년 8,496명이던 광주서비스업종 종사원 수는 5년 뒤인 1963년 거의 3.9배인 32,900명으로 늘었다는 통계를 제시하고 있다. 실제로 이때 성업했던 대인동 적선지대 업자는 40여 가구로 토요일이나 일요일에는 군인들을 상대로 공공연하게 길거리에서 호객 행위를 하는 모습을 볼 수 있었다. 상무대 건너 운천저수지 주변 동네들은 모두 군인 소비의 음식점이나 유흥시설이었다. 미군을 상대하는 댄스홀이 두 곳이나 있었으며 무허가 색시집이 여럿이어서 운천동이 아니라 '돈천동'이라 불렀다.

입대나 제대 후 신고지인 전남병무청 주변에는 가게에 붉은색 등을 밝힌 주점이 구시청에서 천일극장에 이르는 가로에 즐비하게 늘어서 주로 군인들을 호객했다. 1970년대 호황을 누렸던 카바레 영업장의 고객 중 많은 수가 상무대 근무 장교들이었다. 광주에 국악인을 둔 요정이 다른 지방보다 오래 지속된 것도 본디 국악인이 많았기 때문이지만 상무대 근무 간부급 장군이나 영관급들의 고객에 영향을 받았다.

외출 군인들이 맨 처음 찾는 곳은 다방이었다. 1950년대 초 30여 곳에 불과하던 다방은 1974년 202개소로 늘어났다. 군인들이 다방을 거쳐 즐겨 가던 곳은 2~3류 극장이나 술집이었다. 극장이나 술집을 거쳐 밤잠을 자기 위해 가는 곳은 값싼 여인숙이었다. 1974년 광주 시내 간이음식점은 1,433곳이었고 여인숙은 512곳이었다. 1982년 간행한 『광주시사』 3권 292쪽을 보면 당시 광주시의 3차 산업 인구는 20만 7,300명으로 1·2차 산업 종사자의 배에 달했다.

광주여객이 국내 제일의 여객운송 사업체로 성장한 것은 상무대와 무관하지 않다. 상무대에는 외출을 제한받는 교육 사병과 장교의 수가 매년 2만 명 이상 있었다. 이곳 훈련 수료 군인들은 송정리로 가서 열차를 타거나 광주여객 버스를 타야 했다. 광주여객은 이들 장사병들의 입교와 졸업 후 귀대·귀향 교통을 담당했을 뿐만 아니라 피교육생들을 면회 오는 가족들의 수송 수단이기도 했다. 이런 환경이 국내 서남쪽에 치우쳐 있는 광주에서 광주고속이 전국 버스망을 개척하게 된 요인이었다.

더구나 광주여객은 초창기 상무대에서 쓰다가 폐차한 트럭이나 짚차를 불하받아 외관을 민간 차량으로 개조하는 사업부터 시작했다. 이 사업은 1963년 정식으로 광주자동차조립공장 허가를 받아 2,509명을 수용한 자동차 생산공장으로 탈바꿈한다. 이를 본 이문환 씨가 1965년 광천동에 아세아자동차공장을 설립하고 1968년 공장 건립을 완공한 뒤 그 회사가 동국제강에 넘어가 오늘날의 기아자동차가 되었다.

광복 후 광주는 행정중심도시로 학교가 몰려 시민의 30퍼센트 이상이 학생이었다. 1960년 광주시내 중·고등학교 및 대학생의 수는 3만 5,790명이었으며 이들 중 반수 가량이 시골에서 유학 와서 공부하던 학생들이었다. 이 시골 학생 대부분은 자취를 하거나 하숙을 했다.

상무대에 근무하던 상비군 중 외박 장병 수는 3천 명에 달했다. 간부 후보생 코스가 아닌 장교들은 대부분 일선에서 보수 교육인 초등군사반 또는 고등군사반 교육을 받기 위해 광주에 왔으므로 영외 하숙을 했다. 그 인원 수는 거의 1천 명에 달했다. 당시 광주시내 가구 수는 4만 1천 호가 조금 넘었다. 그러므로 광주 시내 자취 또는 하숙생 인구는 광주 시내 전체 가구 수와 비슷했다. 이때 광주 사람들의 주된 소득은 자취방을 세주거나 하숙생을 두는 일이었다. 값싼 자취방을 위해 유행한 집이 시멘트 기와에 붉은색을 입혀 지붕을 덮는 '방풍집' 이라는 집 구조였다. 한식집인 이 집은 한 달 안에 건설이 가능했고 집터도 30~50평이면 충분했다. 이 집의 구조는 주인집 큰방과 자식들이 거처할 작은방 외에 상하방이라 이르는 셋방 또는 하숙생용 방으로 꾸며졌다. 문간채는 화장실과 욕탕과 하숙방 구조가 많았다. 그때 잣고개 전망대에서 광주 시내를 내려다보면 샛빨간 방풍집으로 온 시내를 덮고 있는 듯이 보였다.

한옥 방풍집과 함께 유행한 주택이 2층 양옥이지만 이 집들도 2층은 세주기 위한 구조였다. 1976년 세계개발은행차관을 얻어 주월동, 백운동 일대에 지은 1,745채의 2층짜리 집이나 단층집도 그 구조는 상하방을 세주기 위한 구조였다. 광천동 일대에 지은 14평짜리 공영주택마저도 상하방은 세줄 것을 전제로 부엌이 두 개였다.[29] 후방군사도시 겸 교육 중심 도시가 이뤄낸 풍속도였다.

다행스럽게도 1970년대 이후 광주 시내에 공업 단지들이 들어서고 농촌 인구의 유입이 늘어나면서 인구가 80만 명을 넘어서자 1960년대에 차지했던 상무대와 유학생의 경제 비중이 크게 줄어든 것이다. 이같은 시대의 변화에 따라 결국 도시의 확대에 장애가 되는 군사시설로 지목되면서 상무대는 광주를 떠나야 했다.

---

[29] 『광주도시계획사』, 2011, 697쪽.

상무대 흔적과 보존

1951년 3월 일본 제58군이 주둔해 오무라 병영(大村兵營)이라는 별칭을 가진 제주도 대정읍 상모리 일본 군영 터에 한국군 제1훈련소가 천막을 치고 문을 열었다. 이곳에는 일본군 주둔 때 사령관 이름이 오무라 슈(大村修)였으므로 '오무라 병영'이라 불리다가 6·25전쟁이 나자 인천상륙작전을 위한 해병대 훈련에 쓰인 바 있었다. 1951년 신병훈련소가 생기고 이곳은 '모슬포훈련소'로도 불리다가 1953년 병영 이름을 강병대(强兵臺)라 했다. 이 훈련소는 논산에 새 훈련소가 생기면서 5년 만인 1956년 초 문을 닫았다.

제주시는 2008년 이곳 훈련소지휘소 건물(단층, 637㎡)과 정문(높이 3.7m)을 등록문화재로 지정받은 뒤 2021년 세계문화유산 등록을 추진했다.

1956년 이곳 훈련소는 논산에 있는 제2훈련소로 통합된 뒤 일부가 해병대 기지로 쓰이고 있다. 이 때문에 민간 출입이 통제되고 있으며 훈련소 시절 병원 건물, 교회 건물 등이 영외 하모리 1363번지 일대에 현재 옛 모습대로 쓰이고 있다.

주민들은 제주 제1훈련소야말로 '한국전의 호국성지'라면서 '이곳은 6년간 50만 명의 병사를 양성한 자랑스런 유적'이라고 자랑한다. 이곳에는 1951년 1월부터 4월까지 80일간 훈련장으로 쓰인 식민 시절 일본군 모슬포비행장에도 '보라매탑'을 세워 기념하고 있다. 하모리 76

제주도 대정읍에 있는 옛 육군 제1훈련소 지휘소(등록문화재 제409호).

번지는 중공군 포로수용소 터, 상모리 2820-1번지는 육군 제29사단 창설기념탑을 건립해 두고 있다. 6·25전쟁 당시 미군들이 쓰던 화장실도 등록문화재 제408호로 지정할 정도로 옛 유적 보존에 심혈을 기울이고 있다. 대정읍 주민들은 외진 모슬포 항구에 하루 500명씩 병사를 배출하는 훈련소가 생긴 뒤부터 비약적인 발전을 거듭해 1956년 읍으로 승격했고, 인구도 2만 명을 넘긴 것은 이곳이 호국의 성지로 쓰였기 때문이라고 자랑한다.

이에 견준다면 45여 년 간 80만에 가까운 장교 및 특과병 교육장으로 쓰인 광주 상무대는 제주 모슬포와 달리 흔적 지우기에 급급한 듯한 감을 주어 씁쓸하다.

비록 상무대 병영이 5·18민주화운동 때 위수사령부로 연행된 시민을 구금하고 재판한 곳으로 쓰였더라도 명령 복종의 군대 체제에서 어쩌지 못한 정황도 배려되어야 한다. 죄가 있다면 진압과 발포 명령자다. 시설이 죄를 지은 것이 아니다. 설사 상무대가 증오의 대상이라 하더라도 역사와 기억의 현장으로 보존해야 한다. 한풀이 대상이 되거

옛 상무대 조감도.

나 흉악무도한 집단으로 매도해서도 안 된다. 특히 상무대는 객관적으로 그 공과 과오가 다 같이 평가되고 기록되어야 한다. 과거의 역사를 소중하게 다루지 않으면 오늘의 영광된 현대사도 백년 뒤에는 과거 역사가 되어 버림받을 수 있다.

다행히 2003년 1월 17일, 3곳의 5·18 공법단체 관계자들이 현충원에 묻혀 있는 5·18 진압 과정에서 사망한 장병들을 참배하면서 화합의 몸짓이 시작되었다. 5·18 당시 희생된 군인은 23명이고 경찰관은 4명이었다.

하와이 진주만을 기습해 2천 명 이상의 미군을 죽인 일본과 나가사키와 히로시마에 원자폭탄을 터트려 10만 명 이상을 죽인 미국이 오늘날 어느 나라보다 사이 좋은 모습을 보이는, 그러한 도덕 기준이 없는 국제 관계와 달리 이해를 떠난 사람 사이의 몸짓이므로 인간 간의 화해는 도덕적이며 진정한 의로움이라 할 수 있다.

대동(大同)사회란 피차의 배려와 공생정신이 기초가 된다. 5·18민주화운동은 천백 번 칭찬할 일이지만 스스로 자화자찬에 빠지다 보면 오히려 듣는 이들에게 식상함을 줄 뿐만 아니라 질투의 대상이 될 수도 있다.

5·18민주화운동 당시 직접 상처를 입은 당사자들의 트라우마는 세대가 바뀌면 점차 희미해질 것이다. 5·18정신을 잇는 일은 두고두고 계속될 것이지만 직접적인 증오 또한 옅어질 것이다. 그때 증오의 대상이었던 상무대 시설은 상대성을 갖게 될 것이다.
	제주 모슬포 주민들처럼 광주 상무대가 한국 육군의 기간 장교와 특과병을 교육한 국방의 간성이었음을 기억할 필요가 있다. 증오의 기억뿐인 현장도 역사 현장이다. 하물며 40여 년간 80만 명의 젊은이들이 땀 흘리며 전투력을 키운 땅이 잊혀서는 안 된다.
	남성들은 군대 생활 이야기라면 신바람을 낸다고 여자들의 핀잔을 받는다. 부대에 배치되어 서열과 지휘체계에 따라 생활했던 때는 즐거웠던 기억보다 불쾌하고 힘들었던 기억이 더 많다. 그렇지만 짧은 기간이었더라도 같은 처지의 교육 훈련생이었을 때의 동고동락은 평생 잊지 못할 추억이다. 광주 상무대는 이처럼 계급과 상관없이 동기 훈련생으로 병영 생활을 했던 소중한 추억의 땅이다. 이곳을 거쳐 간 70만 훈련 생도들에게 그날의 추억을 반추할 수 있는 흔적이야말로 엄청난 광주 관광자원이다. 그렇다고 5·18민주화운동 때 상무대만의 감옥과 재판정을 없애자는 것이 아니라 이것도 등록문화재로 유적화한다면 상무대의 흔적이야말로 군대에 대한 엇갈린 국민의식의 체험현장이 될 수 있다. 어떻게 1970년대 군대 주둔이 광주 성장에 도움을 주었는가도 뒤돌아보아야 한다. 일본군에 의해 징발되어 없어진 노치(老雉) 주민들의 이동과 주민들이 쫓겨난 동네에 들어왔던 군사시설의 경위는 소상히 기록되어야 할 역사다. 일본군에 의해 없어진 동네 흔적도 남겨져야 하고 전투병과교육사령부의 중심이나 비행장 활주로, 부대 정문과 4곳의 위병소, 각급 학교 본부중대 자리도 찾아서 표지석을 세운다면 더욱 좋은 일이다. 증오의 기억 장소인 영창과 재판소의 역사도 기록해야 한다. 군대 시설은 국가 존립과 국방을 위한 제1 요소이다.

상무대의 군인 흔적

무각사(無覺寺)의 건설

국방부 자료에 따르면 무각사는 1972년 당시 전남지사 겸 전투병과교육사령부 사령관의 주선으로 각계각층의 시주로 이뤄진 사찰이다. 오늘날은 쌍촌동 1268번지 5·18공원 부지 안에 있는 절이지만 당시 이 절 자리는 치평동 산 14-3번지에 속해 있었다. 치평동에 속했던 땅이 쌍촌동으로 동 소속이 변한 것은 1993년 국방부 소유였던 무각사 부지 7,339㎡를 연접해 있던 쌍촌동의 국방부 땅 16필지 15만 7,950㎡를 광주시에 무상양여한 뒤 광주시가 새 지번을 부여한 데 따른 변화이다.

당시 5·18 단체들은 국방부가 광주를 떠나려면 그 땅은 5·18 때 상무대의 군부대가 시민들을 연행해 가두고 군사재판을 열었으며 계엄사령부 회의를 열어 무력진압을 결정한 학살의 진원지이므로 무상으로 광주시민들을 위해 내놓으라고 압력을 가했다. 국방부로서는 상무대 이전 비용을 마련하기 위해 기존의 군부대 땅을 팔기로 맺은 계약을(상무대 부지 매매계약, 1991년 12월 30일) 수정해 1993년 6월 29일 319억 77만 7천 원어치의 땅을 무상양여하기로 계약을 수정했다. 이때 국방부가 광주시에 무상으로 넘겨준 땅 17필지는 다음과 같다.

• 치평동 산 14-1

망덕산에 자리한 무각사.

- 쌍촌동 대 612-6
- 쌍촌동 대 616
- 쌍촌동 밭 830-2
- 쌍촌동 잡종지(7) 609-1, 611-7, 621-1, 657, 657-4, 830-1, 837
- 쌍촌동 임야(6) 126-1, 132-6, 136, 137, 138, 140

무각사 시주는 조계종 총무원장 석주 스님이 앞장서고 승주 송광사 방장이었던 구산 스님이 진력하면서 도내 여러 사찰의 신도회는 물론 도외 큰 사찰들의 주지 및 신도회가 동참했다. 동참 사찰 주지 및 신도회, 신도회 명단은 다음과 같다.

- 송광사 • 백양사 • 증심사 • 원각사 • 화엄사 • 대흥사 • 동화사
- 범어사 • 도선사 • 불국사 • 광주지역 사암회 • 전국불교신도회
- 경남불교신도회 • 재일거류민단 신도회

기타 민간기업 및 유지
- 윤재홍 국방장관 • 송호림(사령관) • 소준일(CHC 참모장)
- 김재식 지사 • 최정기 도교육감 • 윤영표(광주금융단대표)
- 박인천(광주고속 회장) • 박경원(석탄공사 사장) • 남상집(광주시장)
- 김재호(여수시장) • 김동석(목포시장) • 장일훈(도경국장 및 서장)
- 박철웅(조대 총장) • 이훈동(조선내화) • 신용호(대한교육보험)
- 백병규(해태제과) • 서정규(호남정유) • 최동복(유은학원)
- 이장우(동신중고 이사장) • 김두원(의원) • 김계윤(의원)
- 서정주(제일병원) • 최정식(재일교포) • 김일기(대덕공업)
- 백완일(법률출판) • 김재원(신지공업) • 국승준(담양신도회장)
- 임선호(광주라이온스) • 기타 민간인 다수

5·18기념문화회관 등이 들어선 5·18기념공원 부지는 환지 때 205,098㎡로 주로 치평동에 속한 산이었다. 17,208㎡는 군용지로 징발해 쓰던 임야였다. 오늘날 이 공원은 쌍촌동으로 동 소속이 바뀌었다.

　쌍촌동에서 국방부에 속해 있던 땅은 모두 23필지 281,252㎡였다. 그중 군용 잡종지가 7필지 20만 1,320㎡, 보안지구에 있던 집터 5필지 16,533㎡, 임야 10필지 62,407㎡, 밭 1필지 992㎡였다.

　이 땅들은 광주시에 팔린 뒤 모두 상무2지구 택지개발사업에 포함되었다. 사업이 끝나면서 대부분 쌍촌동으로 넘겨졌으며 지번(地番)도 바뀌었다.

　무진대로 남쪽 우미아트빌, 호반리젠시빌, 중흥에스클레스, 모아제일아파트 일대 아파트 단지가 옛날 쌍촌동 135-3번지에서 657번지 일대이다. 상일중학과 상일여중의 북쪽의 쌍촌동 1340번지 일대 단독주택단지도 군용지였다. 상일여고 남쪽 1358번지 공원 일대 블록도 군용지였다. 이 같은 지번 변경은 환지에 따른 것일 뿐 실제로 원래 토지를 뜻하지는 않는다. 상무지구 환지는 본디 땅 주변에 환지해주는 일반적인 관행을 벗어나 편의주의로 환지를 확정했기 때문에 옛 땅을 찾기 힘들다. 다만 5·18기념문화센터가 자리하고 있는 쌍촌동 1268번지 공원은 본디 쌍촌동의 임야였지만 치평동 임야 2필지 10,377㎡와 135-5 군용지 2,800㎡가 포함되어 있다.

　유촌동 781-3번지는 군용지로 쓰여 그 면적이 20만 7,730㎡에 달했으나 광주시가 사들여 택지로 개발한 뒤 환지 때 도로로 환지해버렸다. 환지 후 옛 땅은 치평동이 되어 택지개발 뒤 시청 앞 도로가 되었다.

상무대 휘호비

　무각사는 치평동 14-1번지에 불교 신도들과 도내 기관, 기업들

상무대에 조성한 을지문덕장군 동상. 이 사진은 한때 국민학교 교과서에 수록되기도 했다(왼쪽).
정신교육장 내에 있는 각종 동상들(오른쪽).

5·18자유공원으로 옮겨진 상무대 표지석.

상무대 교회 자리에 들어선 무진교회.

의 투자로 1972년에 지어졌다. 1998년 1월 19일자 환지 때 쌍촌동 1268-1번지로 변했다. 1998년 서구청 조례 제409호(동 경계조정)으로 치평동이었던 이곳은 쌍촌동으로 동소속이 변했다. 그 부지 면적은 당초 치평동 135-5에 속한 군용지로 그 면적이 2,950㎡(쌍촌동 837-45번지 783㎡ 별도)였으나 환지 후 15,644㎡로 크게 늘었다.

상무대 정문을 장식하던 상무대 표지석은 군사 재판정과 감옥이 재현된 5·18자유공원(치평동 1161번지)으로 2021년 12월 24일 이전되었다. 교육 장병들의 표상처럼 전투교육사령부 어귀에 세워졌던 을지문덕 동상은 장성으로 옮겨졌다. 장성 상무대 정문에는 새로 상무대 휘호비가 세워졌다.

겨우 5년간 신병훈련소로 썼던 제주 강병대(強兵臺, 서귀포시 대정읍 상모리) 군 교회는 국가등록문화재로 등록(2002. 5. 31.)되어 보호받고 있다. 광주 상무대 군인들이 다니던 상무대 교회는 눈총을 받다가 장성으로 떠났다. 그 자리에는 기독교장로회가 새로 세운 교회가 이름마저 바꿔 옛 흔적을 추억할 수 없다.

강병대 정문도 등록문화재이다. 훈련소 지휘소도 등록문화재 제409호(2008. 10. 1.)이다. 이곳 사람들은 훈련소 시절의 화장실이나 병원까지도 보존해 관광자원화하고 있다. 이에 견준다면 40년간 장병의 요람으로 쓰였던 상무대 흔적은 무엇이 남아 있는가. 5·18민주화운동 당시 시민들을 가뒀던 군 감옥마저 장소를 옮겨 근래에 재현한 것이다.

본디 상무대 법정과 감옥은 지금의 KBS방송국 가는 운천대로 길목에 있었다. 이 감옥은 영내 사병 범법자 수용에 쓰였고 법무감실 요원도 10명 이내였다. 1965년 상무대 비행장이 폐쇄된 뒤에는 지금의 1161~5번지 아파트 자리로 옮겼다. 지금의 감옥과 재판정은 공원 조성 후 현재의 위치로 자리를 옮겨 재현한 것이다. 이곳 입구에 상무대 휘호비를 옮겨 놓았으니 5·18의거 시민들의 재판과 감옥으로 쓰인 재현 현장이 마치 상무대를 대표하는 시설로 오해받을까 걱정이다. 원래

옛 상무대 내에 세워진 상무교회 전경.

연화로 입구에 있던 광주상무대의 상징인 휘호비는 택지개발 과정에 교통 장애를 일으킨다는 이유로 이곳저곳으로 옮겨 다니다가 2016년 여론이 일자 감옥 곁에 세워졌다. 상무대가 70만 국방 간부를 양성한 곳이 아니라 감옥과 재판정만 있었다는 오해의 소지가 있다. 처음 보는 젊은 사람들이 상무대를 감옥의 별칭으로 이해할까 두렵다.

하사관들의 아파트

김대중컨벤션센터에서 상무생활폐기물소각장에 이르는 불럭은 모두 상무 신비행장 활주로였다. 비행장을 송정리로 옮긴 뒤 북쪽은 포병학교가 차지하고 중간 목에 교육사령부 예하부대가 옮겨오고 광송간 도로 쪽에는 군인 장교 숙사가 들어섰다.

비행장 활주로에 장교숙사가 지어지면서 1971년 마륵동 전라남도 종축장 뒤 백석산 기슭 임야 26번지에 하사관 아파트 1동을 지어 40가구를 입주시켰다. 이곳은 마륵동 6통으로 뒷날 47번지가 되었다. 1974년에 4동, 1975년에 1동, 그 다음 해에 2동, 1979년에 3동 등 모두 11동을 지어 502세대의 하사관들을 입주시켜 흔히 군인아파트라 부르다가 5·18 이후 '연하' 아파트라고 이름을 바꿔 군인 흔적을 지웠다. 이 아파트는 2023년 재건축을 위해 헐렸다.

이 아파트 서쪽 포로수용소 경계에 1970년 상이용사들이 둥지를 틀고 상무대 음식찌꺼기를 가져다가 돼지를 기르면서 자활촌이라 부르고 마륵동 7통에 편입시켰다. 군사보호시설지구라 주택 신축이 불가능했던 이곳 사람들은 1990년 12월 상무동 1190~92번지(효광중 뒤편)에 새 주택 27채를 지어 옮겼다. 또 한 곳의 하사관 주택은 백일사격장 입구인 상무2동 429번지에 지어진 기갑학교 하사관 주택단지이다. 이곳은 1973년에 조성해 43가구가 입주했다. 이곳도 1984년 하사관주택단지를 '충정마을'로 바꿔 군인동네의 흔적을 지웠다.

4장
광주 상무대의 이설

1957년에 상무동(尙武洞)이라는 행정동(洞) 이름이 생겨났다. 당시 상무동은 기존의 법정 동네인 치평동, 쌍촌동, 내방동, 화정동이 상무대 군사훈련기지로 쓰이면서 그 주변에 민가가 늘어서기 시작했다. 상무대 정문이 나 있던 운천저수지 주변에 가장 많은 민가가 생겨났다. 술집과 음식점, 하숙집, 댄스홀 등이 들어서 흥청거렸다.

상무지구의 땅, 광주시의 인수

'상무지구'는 지금의 치평동 일대 땅이 1992년~2003년 사이에 41개 구역으로 나뉘어 개발된 택지지구를 이르는 이름이다. 말할 것 없이 상무지구라는 이름은 이곳이 한국군의 장교의 요람이었던 상무대가 있었던 곳임을 뜻한다.

상무(尙武)란 '용기를 숭상한다.'는 뜻이다. 6·25전쟁이 한창이던 1951년 1월 7일 광주에 육군 전투병과 3개 학교를 개교하던 날 이승만 대통령이 지어준 병영 이름이다. 제대로 군대를 기르지 못해 나라와 정권을 잃을 뻔한 당시 대통령으로서는 군인의 양성과 숭상은 절실한 과제요 소망이었을 것이다. 어쩌면 조선 왕조가 망한 것이 지나친 숭문(崇文) 때문이었으므로 숭무(崇武)의 나라, 용기 있는 군인을 귀하게 여기는 풍토도 필요하다는 역사 인식 탓일 수도 있다.

이 대목에서 우리는 군인과 용기를 되짚어 보게 되고 상무지구에 얽힌 역사를 되돌아보게 된다.

중국의 공자도 군웅이 활거하던 날에 살았던 인물이다. 『논어』「양화(陽貨)」편에 보면 이런 대목이 나온다.

자로(子路)가 물었다.
"군자는 용기를 숭상해야 합니까?"
공자께서 답했다.

화정동 중앙공원에 들어선 광주학생독립운동기념관.

"군자는 의로움을 숭상해야 한다. 군자에게 용기가 있으되 의로움이 없으면 난동이 된다. 더더구나 소인에게 용기는 있으되 정의가 없다면 도적이 된다."

君子尙勇乎. 君子義少義, 君子有勇而 無爲爲亂, 小人有而無義爲盜.

6·25전쟁 후 군에 입대한 육군 장교들은 광주 상무대 보병학교의 초급군사반과 고등군사반 교육을 받아 승진했다. 상무대가 무용만 길렀지 정의를 가르침이 부족했던지 5·18민주화운동 강압의 사령부가 되었다. 이를 지휘한 장군은 정권을 도둑질해 대통령이 되었다. 공자의 말이 새삼스럽다.

『논어』에는 공자의 말이라 하여 이런 대목도 있다.

삼군의 장수는 꺾을 수 있으되 필부의 의지는 빼앗을 수 없다
三軍可奪帥也 匹夫不可奪志也.

사람의 진정한 용기와 주체성을 말한 이 대목은 5·18 때 상무대에 갇혀 핍박받은 시민군들을 빗댄 가르침 같아 가슴이 아려온다.

국방부가 광주시에 판 상무대 부지 면적은 183만 2,700평방미터였으므로 상무지구 개발은 인접 민간 토지 166만 9,384평방미터를 더 사들였던 셈이다. 1991년 12월 30일 광주시장과 육군 참모총장 간에 맺은 매매계약서를 보면 국방부 점유 국유토지 대금은 3,393억 2,073만 원이고 이 돈은 1995년 12월 15일까지 9회에 걸쳐 분할 납부하도록 했다. 이때 계약서에는 상무대 땅은 치평동뿐만 아니라 유촌동, 쌍촌동, 마륵동 땅도 포함되어 있다. 이 땅들은 상무대지구개발 때 1사업지구뿐만 아니라 2·3지구에도 위치에 따라 나뉘어 들어갔다.

1차매입 상무대땅 동별, 지목별 통계

%	82.49	15.34	3.84	1.33		
동별	치평동	쌍촌동	마륵동	유촌동	계	퍼센트
합계	63	23	14	3	103	
	1,511,471	281,252	15,521	24,456	1,832,700	
잡종지	53	7	3	2	65	54.18
	1,498,921	201,320	3,124	22,790	1,726,155	
논	2		3	1	6	0.87
	4,703		9,666	1,666	16,035	
밭	1	1	6		8	0.19
	7	992	2,598		3,597	
집터		5			5	0.90
		16,533			16,533	
길	4		2		6	
	176		133		309	
임야	2	10			12	3.82
	7,638	62,407			70,045	
묘지	1				1	
	26				26	

국방부 토지 중 전투병과 교육사령부 부지 40만 평은 1994년 12월 말까지 인계하고 잔여 토지 14만여 평은 1995년 12월 말까지 명도하기로 했다. 그러므로 상무대 택지개발사업은 토지매매계약이나 명도 전인 1990년 3월 21일자로 사업 지정을 끝냈다. 매매계약이 이뤄지기 전에 사업이 시작되었음을 알 수 있다.

　재미난 것은 육군 본부에서 제공한 이 매매계약에 나타나는 전투병과교육사령부 부지 40만 평은 광복 전 일본 항공기지 면적과 비슷하다는 사실이다. 일본아세아역사자료센터에 나와 있는 '광주항공기지' 자료에는 기지의 토지 면적이 110만 평방미터라 했으므로 전투병과교육사령부 토지보다 7만여 평이 적을 뿐이다. 다만 이 면적이 비행장 부지만을 이른 것인지 위치 도면에 나와 있는 77병원 자리 땅이나 백일사격장 부지까지 포함했는지는 불분명하다. 당시 일본은 1944년 이후 전쟁 막바지에는 전시군사시설임을 핑계로 무조건 징발해 썼으므로 가늠하기 힘들다.

　국방부는 광주시와 상무지구 땅 매매계약을 맺기 한 달 전인 1991년 11월 28일, 학생회관 시설에 따른 국방부 토지 127필지 15만 9,117 평방미터(4만 8,132평)를 광주시에 매각하는 첫 매매계약을 맺었다. 이 땅은 1992년 1월 27일까지 36억 6,900만 원을 납부하고 인수하기로 계약했다. 이곳은 1990년 10월부터 1992년 5월까지 사이에 진행된 백일택지개발지구 인접 군용지이다. 이곳도 상무지구와 마찬가지로 사전에 서로 매매가 양해되어 사업이 진행되었던 것 같다. 이곳은 금남로 2가에 있던 학생운동독립기념관 이전 부지로 서두른 곳이다.

　백일이라는 이름이 비록 보병학교 1기 교장을 지낸 인물 이름이고 보병학교 사격 연습장으로 쓰여서 백일사격장으로 불렸더라도 학교 이름까지 백일초등학교로 정한 것은 잘못이라는 시비 끝에 성진초등학교로 이름을 바꾼 이 일대 주택지 1,135가구가 포함된다. 백일택지

보병학교 사격연습장 터에 들어선 성진초등학교.

사업지구 면적은 9만 583평방미터이고 국방부가 광주시에 매각한 이곳 땅이 15만 9,117평방미터이므로 학생회관 부지를 제외한 택지의 일부는 보병학교 사격연습장이었던 셈이다. 이곳 공원 부지에는 빛고을 청소년수련원이 들어섰다.

광주시는 이 두 곳의 국방부 땅 이외에도 2014년 10월 7일자로 특무대 부지와 육군 제77병원 부지를 일부 땅값으로 102억 266만 원과 공군비행장 탄약고 곁 서창동 땅 17필지를 국방부에 주었다. 이때 국방부 땅은 51필지 18만 2,134평방미터로 4만 7,120평방미터는 5·18 유적 용도로 기증했다.

흔히 특무대 땅이라는 부르는 쌍촌동 992번지 일대 땅은 16필지 1만 7,150평방미터(3,450평)였고, 77병원이라 부르는 국군통합병원 땅은 가톨릭대학 부지와 경계를 이룬 화정동 325번지 일대 7필지 4만 7,138평방미터(5,145평)이다.

이 밖에도 2014년에 국방부가 광주시에 넘긴 이 일대 땅은 금호동,

빛고을 청소년 수련원.

중앙공원에 들어가 있는 19필지 군사시설 보호지구 땅과 마륵공원에 들어가 있는 임야 9필지(금호동) 4만 1,582평방미터(12,474평)이다.

광주시는 이처럼 국방부 땅 51필지 18만 2,134평방미터를 인수하는 대신 땅값으로 102억 2,660만 원과 서창동 공군 탄약고 시설보호지역 땅 17필지 17만 평방미터를 국방부에 넘겨주었다.30)

2014년 계약 토지

- 쌍촌동 특무대 땅 (992, 994, 997번지)

지목	필지	면적(㎡)	비고
집터	14	13,696	
임야	2	3,554	양여 163.7
계	16	17,150	3,450평

---

30) 별표 2014년 계약토지조서.

• 화정동 77병원 땅(825번지)

지목	필지	면적(㎡)	비고
집터	3	46,090	양여 46,957
밭	3	650	
길	1	398	
계	7	47,138	5,145평

• 마륵공원 (금호동)

지목	필지	면적(㎡)	비고
임야	9	41,582	12,474평

• 중앙공원 (금호동)

지목	필지	면적(㎡)	비고
밭	9	8,497	
임야	7	54,307	
잡종지	3	13,460	
계	19	76,264	21,792평
총계	51	182,134.7	239억 8,582만 1,400원

• 교환지 (서창동)

지목	필지	면적(㎡)	비고
밭	11	103,694	
밭논	5	66,965	
하천	1	221	
계	17	170,870	137억 5,913만 4,000원

* 광주시 부담 차액 102억 2,668만 7,400원. 국방부 인수.

 이 같은 매매교환자료는 광주시에서 제공받지 못하고 육군 관계 기관에서 제공받았다. 3차에 걸쳐 사들인 국방부 소관 땅은 다음과 같다.

지구	필지	면적(㎡)	계약날짜	매수가(억 원)
상무지구	103	1,832,700	1991. 12. 30	3,393억
백일지구	21	158,117	1991. 11. 28	366억
기무사지구	51	182,134	2014. 10. 07	102억
계	175	2,172,951		3,861억

상무지구는 1993년 6월 29일 수정계약을 통해 17필지 16만 5,289 평방미터를 5·18시민공원용으로 무상양여하고 그 땅값 319억 원을 감해주었다.

광복절 일본군에 징발된 군사시설용지의 미군정청 인계 서류나 한국군에 넘겨준 권리 이전 문서는 뚜렷하게 남아 있는 것이 없다. 일제 말기 무상 징발된 토지의 광복 후 보상도 뚜렷한 자료를 입수하지 못했다.

1938년 민간비행장 건설 때 조선총독부체신국이 사들인 구 비행장 활주로 땅은 땅값에 대한 자료가 당시 신문 보도뿐이다. 현존 토지대장이나 등기에는 기재 사항이 부실하다. 1915년에 작성된 지적원도와 일부 지적에 1937년~1938년 사이에 조선총독부로 명의가 바뀐 것은 몇몇 지적대장에 나와 있다(치평리 369, 370번지).

그렇지만 1942년 이후 강제징발된 일본군 새 비행장 부지는 1971년 국방부가 징발재산의 보상을 실시할 때 대상 토지가 된 것도 있고 1952년 7월 26일 귀속재산 국유화 조치로 국가 소유가 된 것도 있다.

치평동 하촌 동네 335번지 집터의 경우 1971년 국방부가 소유권을 차지했으나 토지 연혁난을 보면 1945년 3월 1일 비행장 부지가 되었다는 기재사항뿐 소유자의 변동사항 기재가 없다. 이 기재는 광복되던 해인 1945년 11월 30일에 했다는 내용이 적혀 있다. 그러므로 이 토지는 1952년 7월 26일자 귀속재산 국유화 조치로 귀속재산이 되었고 1967년 11월에 발표한 '징발 재산 보상에 관한 특조법'에 따라 뒤늦게 1971년 국방부가 국유화 조치를 취했던 것으로 보인다. 같은 하촌 동네 채돈묵 씨의 집터 328번지는 1944년 12월 11일 일본 해군성으로 넘겨진 기재사항이 보인다. 같은 날짜의 해군성 이적은 하촌 동네 302번지도 있다. 이 땅들은 1971년 국방부로 넘겨진 뒤 1974년 9월 16일 327, 329, 330, 331번지와 합병되었다. 1980년 8월 6일 다시 215번지로 합병되어 그 땅의 지번마저 없어진다. 이 땅은 국방부가 광주시에 상무대를 팔기로 결정한 1987년 3월 11일에 또다시 92번지로 합병된다. 오늘날에는 도로로 변했다.

1987년 3월 3만 2,181㎡로 합해진 땅 135번지는 이웃 22필지의 땅을 합한 지번이다. 본디 이 135번지는 치평동 노치 동네의 정발현(鄭發鉉) 씨 집터 지번으로 1945년 3월 1일 비행장 부지로 징발되었다. 이 땅은 귀속재산 기록이 없이 1971년 7월 15일 국방부 땅이 되었다. 1974년 8월 12일자로 이웃 집터 7필지를 합해 971평의 땅이 되었다가 1987년 다시 22필지를 합한 것이다.

이처럼 상무지구의 땅은 1914년 이전의 자연부락 지번을 시작으로 1914년 행정구역개편 뒤에 바뀌고, 다시 1935년 지적도가 축척 1천 2백분의 1에서 6백분의 1로 확대될 때도 바뀐 지번들이 있다. 이후 광복을 거쳐 귀속재산이 된 비행장 부지와 6·25전쟁 때 국군에 징발된 땅이 뒤엉켜 지적대장도 등기대장도 제대로 정리되지 않았다.

특히 국방부가 광주시에 상무지구 땅을 넘겨주기 전 부대별로 단지 지번을 새로 부여하고 몇십 필지씩 합병해 새 지번이 생겼었다. 광주시는 이 땅을 사들여 택지개발 후 새로 환지 번호를 부여하고 토지대장을 전산화하는 과정에서 기존의 수기 토지 이력 사항을 반영하지 않았다. 때문에 지금 지번으로 토지대장을 발부받으면 현재 살고 있는 땅이 옛날에 어떤 내력을 가지고 있었는지 알 수가 없다.

오늘날 지적 사항은 인터넷으로 누구나 볼 수 있도록 공개하고 있으며 전국 모든 동사무실에서 토지대장을 뗄 수 있다. 하지만 광주의 토지대장은 1995년 이전의 땅의 역사를 알 수가 없다. 오늘날의 민원 창구 공무원들은 한자에 미숙해 옛 수기 내용을 스캔해 발행해 주면서도 그 내용에는 까막눈이다. 이 점은 등기소 창구도 마찬가지다.

전산화는 과거를 사장시키자는 시책이 아니다. 현 제도나 전산 입력 상태로는 심지어 주민등록등본마저도 전산화 이전의 이동 사항, 즉 1980년 이전의 이동사항은 본인이라 할지라도 알 수가 없다. 전에 살던 동사무소를 찾아가 옛날 주소를 떼고 제적부 신청을 하더라도 행정 운영 등이 두세 차례 통폐합된 과정에 인수인계가 잘되지 않아 찾을 수 없는 경우가 많다. 6·25전쟁 같은 어수선한 때도 아니므로 개인정보에 대한 주민등록부의 이동이나 토지대장, 건물과 땅에 대한 권리 이동을 관리하고 기록하는 일이나 등기부의 완비는 행정의 기본이 되어야 한다. 더욱 통탄스런 점은 시재산을 관리하는 부서가 시재산의 취득 자료를 갖추고 있지 않다는 점이다. 개인들도 자기 재산에 대한 등기부를 가지고 그 재산의 내력을 파악하고 있거늘 관청이 자기 재산 내력을 알지 못하는 것은 행정의 맹점이다. 문서 관리 규정에 의해 자료를 폐기하거나 이관했기 때문이라는 구실은 변명이 될 수 없다.

백일사격장이었던 빛고을청소년수련원 땅이나 77병원 특무대 땅은 모두 일본 해군비행기지조서에 나오는 땅들이다. 토지대장에는 1944년도에 무상징발했다는 기록이 나온다. 실제 증거로 중앙공원에는 3개의 유류 저장동굴이 현존해 있고 병원 주변 땅에도 물탱크와 동굴이 남아 있다.

군용지 상무대의 도시 개발

　군사시설 때문에 도시 확장에 어려움을 겪던 광주시는 상무대 이전이 확정되자 1998년 상무대를 포함한 도시계획재정비사업에 착수했다. 기존 도심지 외에 송정과 첨단을 부도심으로 삼았던 게 기존 도시계획이라면, 이 공간 구조에 새로 상무대를 추가시켜 3개의 부도심으로 개발한다는 개편이었다. 물론 이 계획은 상무대 부지의 개발을 위한 전제였으므로 개발 착수 직전인 1998년 건설부의 승인을 받아 고시되었다. 실제로 상무지구 개발은 구 도심지에 있는 기관 이전이 중점적으로 이뤄져 분양이 성공을 거두자 2004년 9월 도시기본계획을 크게 바꿨다. 개발 착수 단계에서 6년전 부도심으로 계획했던 상무지구의 기능을 신도심 개념으로 도입해 광주의 중심 공간화한다고 크게 선회한다. 이 같은 구상에 따라 모든 교통체계는 상무대를 중심으로 계획하게 되었다. 구 도심~상무지구~송정 부도심, 첨단 부도심의 삼각축을 이루게 되었다. 말할 것 없이 벽진동의 공군 군사시설까지 이전이 이뤄졌다면 상무지구는 남쪽으로 서광주역을 거쳐 나주혁신도시로 통하는 사통오달의 교통체계를 갖추는 게 가능했을 것이다. 이 꿈은 실현되지 못했지만 어쨌거나 상무지구 개발은 광주시의 개발비 충당을 위한 분양 매력 요인이 필요했다.
　이 같은 깊은 사정을 헤아리지 않은 일부 시민들은 5·18민주화운동으로 얻은 땅이라면서 전체를 시민공원으로 개발하거나 망월동 묘역을 옮기자고 주장하기도 했던 것이다.

　실제로 광주도시계획은 1930년대 광주부 시절 인구 15만 도시를 전제로 계획되었다. 인구가 1백만 명을 넘어서고 도시계획 공간이 멀리 함평군과 장성군 경계에 이르고 서남권 중심도시로 비약하기 위해서는 새로운 중심축이 필요했다.

　5·18기념사업을 감안한 신도심개발안이 공감대를 이뤄 1990년 12월 개발기본계획에 대한 공모가 공고되었다.

　8개 업체가 응모해 삼우기술단계획안을 1안으로 채택하되 금호엔지니어링과 우대기술단의 계획안의 장점들을 조율하기로 결정했다. 이에 따라 망덕산 일대는 5·18기념공원 및 시설지구로 상징화하고 버스터미널에서 하남으로 잇는 무진대로 곁에 각종 공공시설과 기관을 유치하는 계획이 확정되었다.

　신도심계획이라 부른 이 개발은 상무대중심 1, 2, 3지구와 일부 군사시설이 있던 화정동, 금호동, 풍암동으로 그 범위를 확대했다. 그 면적은 총 226만 8,000㎡(677만 8,000평)로 중심도심 기능을 맡도록 하면서 전체 지구에 45만 명의 인구를 수용한다는 내용이었다.

　광주시는 이 계획에 따라 상무대 중심이었던 치평동 일대를 제1지구로 설정해 1992년 말 사업에 착수하기에 앞서 화정동 백일지구는 1990년 3월, 금호 1지구는 1992년 6월에 착공했다.

　다만 운천지구라 부른 상무 1, 2, 3, 4지구는 풍암, 금호지구와 분리해 조성계획을 세웠다. 이 사업 지구의 분양 수익은 군사용지 이전 비용으로 사용해야 했기 때문이다.

　1991년 12월 30일 육군 참모총장과 광주직할시장 간에 상무지구 103필지 183만 2,700㎡의 땅을 3,393억 2,973만 원에 팔고 산다는 매매계약이 체결되면서 전체적인 투자 계획이 가능하게 되었다.

　광주시는 이 토지대금을 1995년 말까지 5년간 분할 상환하기로 했다. 광주시는 우선 7백억 원의 연리 12.86%짜리 지방채를 발행해 계약금을 지불키로 했다. 광주시는 나머지 토지대상환을 위해 즉시 택지개발에 착수해 1993년 첫 분양 수익으로 분할상환금을 지급했다. 국방부는 상무대 토지의 무상양여 건의에 따라 1993년 6월 5만 평을 시민공원으로 무상양여하고 그 대금으로 319억 원을 감해주기로 결정했다.

광주시는 1차 지구의 수익금으로 2, 3, 4차 사업의 순환자금화계획을 세워 이 사업을 끝내면 1조 6,740억 원의 개발 이익이 생길 것으로 예상했다. 지구별 사업조서는 다음과 같다.

상무 1, 2, 3, 4지구 택지개발조서

지구 이름	지역	사업기간	면적	사업비 (억 원)	주택 수	수용 인구
상무 1	치평동	1992. 11. 2.~ 1999. 8. 30.	2,621,865	7,418	10,152	35,532
상무 2	유덕동	1992. 1. 27.~ 1999. 12. 31.	465,168	1,308	2,459	8,607
상무 3	마륵동	1999. 7. 23.~ 2003. 2. 20.	130,189	561	188	588
상무 4	벽진동	1995. 11. 3.~ 2000. 12. 30.	264,662	929	2,824	8,839
계		1992. 12.~ 2003. 2. 30.	3,083,234	10,216	15,623	53,066

상무지구 택지개발과 동 경계 조정

1995년 상무 제1지구사업이 마무리 단계에 이르러 택지별로 새 지번을 부여하는 환지가 이뤄졌다. 그러나 이 택지에는 유촌동 땅과 쌍촌동 땅, 마륵동 땅이 포함되어 있어서 1998년 3월 서구청은 동 사이 경계조정 조례(제469호)를 제정, 택지 정리에 맞게 땅을 서로 주고 받았다.

이때 유촌동은 146필지 36만 4,783㎡를 치평동에 넘겨주고 제2사업지구에 포함된 치평동 땅 96필지 2만 5,644㎡를 유촌동에 넘겨주었다. 이때 유촌동은 택지개발과 관계없이 치평동과 지그재그로 강줄기 따라 들쑥날쑥해진 치평동 주변 39필지 2만 9,646㎡를 치평동에 넘겨주었다. 이때 유촌동에서 치평동에 넘겨진 땅은 다음과 같다. 주의할 것은 치평동의 현 지번 땅은 유촌동 땅 지번의 본디 땅에 주어진 지번이 아니고 택지개발 뒤 동떨어진 곳에 주어진 지번이므로 그 위치를 착각해서는 안 된다(괄호 안은 넘긴 땅).

- **치평동 1002번지 대지**(유촌동 291-1)
- **치평동 1002-1~28 대지**(유촌동 290~298번지, 746-3, 760, 761~4, 5 ,7, 8, 9, 759-1, 764-2)
- **치평동 1247 대지**(유촌동 281-3,16, 288-6, 7, 287-7)
- **치평동 1249 대지**(유촌동 289-6, 290-7, 291-4, 5, 6, 292-19,20)

- 치평동 1250 대지(유촌동 292-21, 22, 23, 24, 25, 26, 27, 28, 29, 30, 31)
- 치평동 1251 대지(유촌동 292-32,1 8, 193-1, 2, 3, 4)
- 치평동 1252 대지(유촌동 293-5, 6, 7)
- 치평동 1254 대지(유촌동 293-8, 9, 10, 11, 12, 13, 294-2)
- 치평동 1255 대지(유촌동 294-4, 5, 6, 7, 8, 9, 10, 11, 12, 13, 40, 41, 42, 17, 18, 19, 20, 21, 22, 23)
- 치평동 1256 대지(유촌동 294-24, 25, 26, 27, 28, 29, 30, 31, 32)
- 치평동 1258 대지(유촌동 294-34, 35, 36, 37, 39, 43, 259-1, 2, 3)
- 치평동 1259 대지(유촌동 295-4, 296-3, 4, 5, 7, 8, 9, 10, 297-2, 301-5, 6, 7, 304-1)
- 치평동 1260 대지(유촌동 309, 311, 314-3
- 치평동 1261 대지(유촌동 318-3, 4, 322-4, 772-5, 775-3, 4, 777-2,783-9)
- 치평동 1262 대지(유촌동 793-1)
- 치평동 1247(도로) (유촌동 289-9)
- 치평동 1248(도로) (유촌동 294-1)
- 치평동 1249(도로) (유촌동 296-6)
- 치평동 1250(도로) (유촌동 298-2, 3, 4)
- 치평동 1251(도로) (유촌동 298-4)
- 치평동 1252(도로) (유촌동 298-5, 6)
- 치평동 1253(도로) (유촌동 298-7, 8, 9)
- 치평동 1253, 1254, 1255, 1256, 1257, 1258, 1260, 1261(도로) (유촌동 298-16~20, 314-1, 299-2, 300-1, 306, 312, 315, 316, 322, 327, 756, 773, 789, 822, 830, 839, 781-3)

* 1997년 말 마륵동에서 치평동으로 넘겨준 땅 39필지 2만 1,923㎡

- 치평동 1241 대지(마륵동 162-1, 2, 22, 36, 42, 43, 44, 164-2, 52, 195-1)
- 치평동 1243 대지(마륵동 199, 200, 201, 203, 205, 254)
- 치평동 1244 대지(마륵동 453-1,498, 793)
- 치평동 1228(도로) (마륵동 162-48)
- 치평동 1229(도로) (마륵동 164-54, 194-1)
- 치평동 1230~1237(도로) (마륵동 195~200, 451, 497, 793)

* 2001년 서구 조례 제599호로 경계가 불합리한 마륵동 182필지 11만 3,447㎡를 치평동으로 넘겨 상무 제3지구택지개발 후 환지(컨벤션센터역 북쪽)

- 치평동 1273 대지(마륵동 497-22)
- 치평동 1274(도로)(마륵동 162-53, 171-67, 172-57, 192-54, 56, 55, 497-3, 17, 23, 25, 26)
- 치평동 1275 대지(마륵동 171-60, 70, 445-1)
- 치평동 1276 대지(마륵동 171-41~59)
- 치평동 1329 대지(마륵동 171-69, 170-65, 164-61,77)
- 치평동 1278, 1280, 1281, 1282, 1284, 1296, 1294, 1298 대지(마륵동 170-1, 2, 3, 47, 48, 49, 50)
- 치평동 1294-1 대지(마륵동 170-63, 64, 171-68)
- 치평동 1292, 1294, 1300, 1302, 1303, 1304, 1305, 1306 대지(마륵동 168, 169 군용지)
- 치평동 1310, 1307, 1312, 1313, 1314, 1306, 1316, 1318 대지(마륵동 168, 167, 162 군용 잡종지)
- 치평동 1320, 1322, 1310-18, 20 대지(마륵동 166-3, 4, 40)

- **치평동 1323 대지**(마륵동 162-55)
- **치평동 1320, 1324, 1325, 1326 대지**(마륵동 164, 165)
- **치평동 1277 대지**(마륵동 798-12, 208, 209)

　상무대 1지구택지개발로 쌍촌동이 치평동에 넘겨준 땅은 25필지 3만914㎡였다. 반대로 치평동이 쌍촌동에 넘겨준 땅은 1지구 때 16필지 8만 2,385㎡, 2지구 때 2필지 94㎡였다. 치평동이 쌍촌동에 넘겨준 땅은 주로 무각사가 자리하고 있는 5·18기념공원에 들어간 노치(老雉) 동네 뒤 임야였다. 치평동에서 쌍촌동으로 넘긴 땅은 다음과 같다.

- **쌍촌동 1282 대지**(치평동 21-9)
- **쌍촌동 1284 대지**(치평동 92)
- **쌍촌동 1268 대지**(치평동 92-9, 106-9, 135-7, 산6, 산14-3, 4, 7, 산17-5, 산35-5)

광주시청사의 이동

광주광역시 청사는 내방동 111번길에 있다. 옛날 지번 중심으로 말하면 서구 치평동 1200번지다. 부지 면적은 123,361㎡로 광역시청사다운 위용을 자랑하고 있다. 2004년 지하 2층, 지상 18층 건물로 완성한 이 건물의 연면적은 8만 6,526㎡이다. 금성종합건축이 설계하고 금호건설이 시공한 이 건물의 외형은 서쪽으로 떠나가는 배의 모습을 나타내고 있다. 의회동은 5층이고 본청은 18층으로 5·18을 상징하기도 한다.

시청 지번 1200번지는 군용 상무대를 광주시가 매입한 뒤 택지개발 후 환지 지번으로 건축 부지 면적이 4,192.5㎡이다. 본디 이 땅은 유촌리 289~299번지와 치평동 498~502번지로 나뉘어 있던 땅이다. 1915년 유촌 사람들과 동양척식주식회사 땅으로 등기되어 있었으나 조선인 땅은 일본인 회사 전남식산에 거의 매각된 뒤 1945년 3월 제2 활주로 공사 때 일본 해군성에 징발되었다. 이후 광복 후에도 계속 군용으로 쓰였다. 1991년 2월 광주시가 국방부에 토지 값을 주고 택지개발을 한 뒤 새로 1200번지 지번을 받아 오늘날 주소지가 되었다. 1998년 유촌동 지번마저 치평동으로 넘겼다.

말할 것 없이 광주 관아는 백제 무진시대로 거슬러 올라가야 할 것이지만 우리 조상들이 남긴 기록이 없어 조선시대 광주 고을의 관아가 있었던 광주 읍내 말고는 알 길이 없다. 이 읍성마저 고려 말엽의 것이라는 주장과 통일신라 때 흔적이 있다는 등 추측만 무성할 뿐 정확하게 알 길이 없다.

광주 상무대를 기록으로 남기려는 이 작업은 후손들에게 이런 안타까움을 덜어주어야 하겠다는 마음에서 출발했다. 그러나 내가 살고 있던 시대에 새로 세운 광주광역시 청사가 군사시설이 들어서기 전 어떤 사람들이 살던 땅이었으며 누구의 땅이었는가를 밝히는 것이 벌써 어려워졌다는 것에 죄진 마음을 갖는다.

누구의 땅이 되었건 지금 무병하면 그만이고 미래가 양양해 보이면 그만이라 할 수 있겠으나 매일 숨 쉬고 잠자는 땅이 무덤 자리이고 역적들 모의 소굴이라면 결코 기분이 좋을 수는 없다. 그러므로 아예 과거에 관심을 가질 필요가 없다고 생각한다면 그것은 각자의 자유라 할 것인가. 옛 선조들이 물수렁이라고 집터를 피한 것이나 풍기와 수기가 뭉친 혈이라고 시신을 모신 것은 미신이 아니라 과학이었음이 밝혀지고 있는 세상이다.

모든 생물은 그들이 발붙이고 사는 땅토리에 따라 그 땅토리에 적응하며 살기 위해 진화해왔고 그 흔적이 문화이다. 과거의 문화와 땅의 역사를 더듬는 것은 미래에 적응하기 위한 지혜를 얻기 위함이다.

조선시대 말기가 되면서 광주는 13도의 하나인 전라남도의 도청 소재지가 되었다. 당시 광주는 41개 면 432동리(洞里)의 행정체제로 그 시절 광주 인구 통계가 없다. 1879년 『광주읍지』에는 원호(元戶)가 5,626호로 인구는 2만 7,482명이라 했다.

1910년 민적(民籍)조사 통계 때 광주 인구는 1만 6,482호, 7만 8,669명이었다. 조선시대 인구 통계는 실재 인구보다 과세 기준 인구였으므로 정확한 수를 가늠하기 힘들다.

일제 강점기 직전인 광주군 시절 성 안인 성내면(城內面) 인구는

광주광역시 청사. 서쪽으로 떠나는 배의 형상이다. 뱃머리는 5층, 꼬리는 18층으로 5·18을 상징한다.

206호 838명에 불과했다. 일본 통치자들은 국권을 정식으로 빼앗기 이전에 이미 통감부 치정을 하면서 읍성을 허무는 등 조선 전통의 흔적을 지우기 시작했다. 성을 허물고 성터에 길을 내는 등 시책을 쓰면서 1912년 4월 1일자로 성이 없어지자 성 밖의 민가 연접 지역인 공수방(호남동), 부동방(불로동), 기례방(수기동·누문동)을 읍내라 부르던 성내면과 합해 광주면(光州面)이라 불렀다.

이 광주면이 오늘날의 광주광역시 '뜽걸'(등걸, 뿌리)이다. 광주군의 41개 면 432동리를 15면 152리로 축소해 행정구역을 만들기 2년 전 광주면은 생겼다. 첫 면장은 김치주(金致疇, 1912. 9.~1913. 7.), 2대 면장은 조유석(趙由錫, 1913. 7.~1914. 1.)으로 1년씩 면장을 맡은 뒤 1914년 1월 정식 15개 면 중 하나가 된 광주면장은 박흥서(朴興緒, 1914. 4.~1915. 2.)가 맡고 그 뒤를 이어 최상진(崔相鎭, 1915. 2.~1917. 9.)이 맡았다. 이때 식민 통치자들은 광주면을 4통(通) 10정(町) 5리(里)로 나눠 행정했다.

면 업무는 처음에 객사로 쓰던 광산관(충장로 1가 25, 무등극장)에서 군청과 함께 일을 보았다. 광주면청은 1917년 일본인이 면장을 맡던 지정면(指定面)제를 앞둔 1916년 3월 불노동 143번지(당시는 부동정 92번지)의 광주 측량학교 건물로 옮겼다. 이 자리는 1908년 박봉주가 사설 측량학교를 세웠던 곳으로 대지 면적이 454평이었고 건축 면적은 43평 가량의 한식 기와집이었다. 이 건물은 정낙교, 최원택, 지응현 등 세 사람 이름으로 공동등기되어 있어서 한때는 농림학교 건물로도 쓰였다.

이곳에서 광주면청을 옮겨 지은 것은 1925년으로, 흥학관(興學館)이 공회당으로 쓰이던 땅과 연접해 있던 서광산정(西光山町) 30번지였다. 이 땅은 광산정으로 통합되던 1932년 63번지로 지번이 변했고 다시 1969년 광산동 100번지로 바뀌었다.

면청보다 4년 전에 세워진 흥학관 부지는 서광산정 31번지로 698평이었다. 이 땅은 1932년 66번지가 되었다. 그 마당에서 야구 연습을 할 정도로 넓었다. 이에 견주어 인접한 면청 부지는 430평이었다. 광주읍이 1935년 광주부로 승격한 뒤, 이 두 땅은 1943년 광주부가 흥학관 등기상의 주인인 최상현(최명구의 아들)에게서 등기부를 정리해 광주부 읍사무소로 썼다.

광주부는 1949년 시로 이름이 바뀌고 그동안 부청사(府廳舍)로 부르던 광산동청사는 시청사로 이름이 바뀌게 된다. 그래서 오늘날도 이곳 길목은 '구시청길'이라 부른다. 광주시는 1969년 경양방죽을 매립해 새로 청사를 지어 옮기면서 옛 구청사 부지는 20여 필지로 나눠 매각했다.

광주시청이 독자적인 청사를 가진 것이 1925년이고 광산동청사는 계림동으로 자리를 옮기기까지 44년간 집무한 곳이다. 35년간 집무한 계림동청사 시절보다 시민들에게는 인연이 깊었기에 지금도 이곳 거리는 '구시청 사거리'로 각인되어 있다.

광주시청사가 1969년 경양방죽 매립지로 옮길 때 주소는 계림동 595번지였다. 당초 3층 건물로 지었으나 1989년 5층으로 증축했다. 2004년 치평동 1200번지로 옮기기까지 35년 만의 일이다.

이처럼 1백년 전 광주시청 부지에 대한 내력은 자세하게 찾을 수 있으나 지금의 청사 부지는 등기부나 토지대장에서 확인할 수가 없다. 옛날에 없던 구청의 토지정보센터는 무슨 일을 하는 곳인가. 옛 토지정보 자료는 없이 현재의 지적대장 발행 창구 기능 외에 사실상의 토지정보에는 까막눈이다.

상무동의 탄생

상무대는 아주 오래전부터 기록으로 남기고 싶은 공간이었다. 두 번의 『광주시사』 편찬에 참여하고 광주에 관계된 책을 10권 이상 쓰면서도 시역 중에서 접근할 수 없는 공간은 군사보안시설인 상무대였다. 상무대가 군사용도에서 폐기된 것도 어언 30여 년의 세월이 흘렀다. 오늘날 이 금단의 땅이 광주시역이 된 것은 1955년이다.

그때까지도 이곳은 광주시역이 아니라 광산군 극락면 치평리였다. 하기사 광주시는 조선시대 말기까지 광주 또는 광산이란 고을에 속해 있다가 1871년(고종 8년) 광산현이 광주목(光州牧)이 되었고 1895년 나주부에 속한 광주군이 되었으므로 옛날부터 광산과 광주는 같은 고을 땅이었던 셈이다.

광주시가 광주군에서 딴 살림을 차린 것은 일본이 식민통치를 시작했던 1912년이다. 이해 4월 1일 광주군 성내면과 공수방, 부동방, 기례방을 합해 4면 합동면을 광주면이라 했다가 1917년 9월 지정면(指定面)이 된 시기부터 법적으로 딴살림을 차렸다고 할 수 있다.

이 지정면 제도는 일본 사람이 많이 이주해 살기 시작한 한반도 안의 도시형 면으로 호구가 1,500집 이상의 면 중에서 절반 이상이 집단으로 사는 곳들을 골라 전국에서 24곳을 지정했다. 당시 광주면 거주 일본인 수는 면 전체 인구 1만여 명 중 2천명 내외였으나 도청소재지라 광주면이 그중 하나로 지정되었다. 지정면이 되면 집집마다 7월 이상의 면세(面稅)를 부과해 면 자체 사업을 할 수 있었으며 주민들이 선출한 면의원 형식의 협의회를 운영했다. 상위 관청인 군의 지원이나 간섭에서 벗어났다.

1931년 4월 1일부터는 지정면을 읍으로 바꿨다. 이때 군청 소재지가 아닌 송정(松汀), 벌교(筏橋), 영산포(榮山浦) 등 전남에서 일본인 이주가 많았던 세 곳이 읍으로 승격했다.

1935년 10월 1일 비로소 광주읍은 오늘날의 시(市)격인 광주부(光州府)로 독립해 그동안 상위 관청이었던 광주군은 광산군으로 바뀌었다. 실질적인 독립 행정 단위가 되었다. 당시 전국의 부(府)는 15곳이었으며 목포는 이미 광주부보다 훨씬 앞서 1910년 무안군에서 독립된 부(府)로 승격해 있었다.

1949년 7월 4일 건국 후 제정된 지방자치법에 따라 일본식 부(府)라는 행정관청 이름이 시(市)로 바뀌면서 비로소 광주시(光州市)가 되었다. 당시 지방자치단체는 서울특별시 외에 도(道)·시(市)·읍(邑)·면(面)으로 하여 6·25전쟁 중인 1952년 각기 자치단체별 의원들을 선출했다.

그러므로 광주시는 지정면으로 승격한 1917년 이후 광주군에서 독립, 지방자치 기능을 행사했다고 할 수 있다. 당시 면장은 일본 사람 마츠다 도쿠지로(松田德次郞)가 맡은 뒤 1920년 8월부터 면협의회를 운영했다.

합동면을 운영한 당시 광주면 호구는 2,522집이었으며 동네는 일본식 이름의 14마치(町)와 5개 리였다. 19개 리 중 수기옥정, 금정, 성저리, 금계리, 서남리, 향사리, 누문리 등 7개 리에는 주로 조선인들이 살고 나머지 12개 리는 일본인들이 점령했던 때이다.

1914년 행정구역 개편 작업으로 정식 광주면이 된 1915년 광주면의 인구는 1만 684명으로 그중 조선인은 8,192명(1,552호), 일본인은

2,392명(667호), 외국인은 20명(6호)이었다. 이듬해인 1916년 인구는 1만 901명(2,565집)이었다.31)

광주면이 지정면이 된 1917년 6월 인구는 5,522집 10,860명으로 일본인 사람 수는 크게 늘지 않은 2,569명이었으나 가구 수는 1,415집으로 늘고 조선인 수가 1백여 명 줄었다.

광주면이 읍으로 승격한 1931년 말 광주읍 인구는 4만 2,614명이었으며 광주읍을 포함한 광주군 인구는 13만 3,194명(26,942집)이었다.

1935년 광주읍이 부(府)로 승격하던 해 광주부 인구는 5만 2,674명(11,193집)이었다. 광주군은 광산군이 되어 8만 7,021명(19,141집)으로 줄어들었다. 광주읍이 부로 승격할 때 광주군 서방면의 3개 리, 지한면 홍림리, 효천면 방림, 벽도, 주월, 극락면 신예, 내방 등을 광주부로 떼어 주었기 때문이다.

광주부가 되자 일본 통치자들은 동네 이름을 모조리 일본식으로 바꿔 41마치(町)가 되었다. 1931년 읍 승격 때 조선식 동네 이름은 모조리 마치(町)로 바뀌었다.

광복되던 해인 1945년 광주부 인구는 8만 3,000명 내외였을 것으로 추산한다. 전쟁과 광복의 혼란기 통계자료가 없다.

1948년 말 인구는 13만 5,000명이었고 광주부가 광주시로 이름을 바꾼 1949년 14만 2,000명이었다. 1950년 6·25 전쟁 때 1만 7,000명이 줄었다가 1951년 14만 8,000명으로 늘었다.

이해 말 광주 근교인 광산군 극락면 치평리에 상무대가 들어설 공사가 시작되었다. 이때는 북한 황해도민 6천여 명이 광주에 와 있었고 시내에 지리산 공비 포로들이 수용되던 때이다.

1955년 광주시는 광산구 서방면, 효지면, 극락면, 석곡면 등 4개 면

---

31) 『광주사정지』, 53쪽.

4만 1,211명(42개 동리)을 합해 시 인구가 19만 1,048명이 되었다. 이때도 광산군은 따로 행정했다. 상무대가 있던 극락면 일대 땅은 광주 시역으로 편입되어 이때야 비로소 명실상부한 광주 상무대가 되었다.

1957년 또다시 광산군에서 광산군 대촌면, 서창면, 지산면, 담양 남면의 충효리 일대 3개 동네를 광주시로 합해 광주시 인구는 19만 8,166명이 되었다.[32]

상무동의 탄생, 1957년

1957년에 상무동(尙武洞)이라는 행정동(洞) 이름이 생겨났다. 당시 상무동은 기존의 법정 동네인 치평동, 쌍촌동, 내방동, 화정동이 상무대 군사훈련기지로 쓰이면서 그 주변에 민가가 늘어서기 시작했다.

상무대 정문이 나 있던 운천저수지 주변에 가장 많은 민가가 생겨났다. 술집과 음식점, 하숙집, 댄스홀 등이 들어서 흥청거렸다. 본디 구한말 이곳은 치평리 하촌에 속해 10집도 못 되는 집이 있었다. 운천저수지 동남쪽에는 효사리란 작은 동네가 있었다. 이곳에서 서창과 금호동 쪽의 길목에 북촌(鼓村, 마륵동 4구)이란 동네가 있었고 서남병원 쪽 둔덕에 신기(新基, 마륵동 3구)가 있어서 이곳을 당부면(當夫面)이라 했다. 이 당부면은 오늘날의 풍암동과 서창의 벽진을 포함한 12개 동네의 큰 면이었다.

본디 '말구레'라 부르던 마륵리가 운천저수지 남쪽 동네를 기틀로 들 가운데인 '모래개'로 진출한 것은 일제비행장이 생긴 이후 더 활발해졌다. 그래서 마륵리가 행정마을이 된 것은 상무대가 들어선 7년 뒤인 1957년이다. 북촌 동네 쪽에 상이용사(傷痍勇士)촌이 들어서고 1971년부터 이곳에 상무대 하사관들의 주택이 생기는 것을 시작으로

---

32) 『광주도시계획사』, 23쪽.

계속 군아파트가 늘어 마륵동 중심지가 되었다.

　군시설 주변인 동북쪽은 쌍촌동이고 북쪽은 유덕동이며 남쪽은 오늘날의 상무동 중심이다. 유덕동은 상무대를 곁에 두고 있으나 광주천과 철망으로 막혀 군시설에 크게 영향을 받지 않았다. 다만 강남 쪽 유촌 땅은 거의 군사시설지구였다. 이곳은 결국 1998년 치평동으로 넘겨주었다.

　광산군 극락면에 속해 있던 쌍촌동, 내방동, 화정동이 합해져 광주시 상무동이 된 것은 당시 '상무대'의 병영은 치평동이나 쌍촌동에 국한하지 않고 화정동 끝자락이라 할 중앙공원 중심에 일제 때부터 군용 유류저장 탱크가 있다가 건국 후 보병학교 사격장으로 쓰였던 연고 때문이다. 화정동과 쌍촌동의 경계라 할 특무대 자리(쌍촌동 994일대)는 일제 때 헌병대가 주둔했던 곳이고 그 인접지인 화정동 355번지 일대는 일제 말 육군병원이 있던 자리를 상무대가 들어서면서 77육군병원으로 쓰여 넓은 의미의 상무대는 화정동을 포함하고 있었다.

　1961년 3월 상무동이 되었던 이 행정동은 19년 만인 1979년 쌍촌동과 화내동(花內洞)으로 분리했다.

　1970년 말 1,419집 9,019명이던 상무대 인구는 1979년 5,258집 2만 6,754명으로 크게 불어나 한 개 동으로 행정할 수 없을 만큼 인구가 늘어났다.

　1974년 아세아개발은행 차관사업으로 화정지구가 개발되고 광~송간 지구 구획 정리 사업이 진행된 결과, 화내동은 화정동 1동, 2동으로 분리되었다가 3동으로 분리될 만큼 급성장했다.

　이 같은 변화에 따라 1979년 상무대는 쌍촌동과 화내동으로 분리되면서 상무동이란 동 이름이 일시적으로 사라졌다. 당시 분리 독립된 쌍촌동은 3,036집 1만 5,135명이었다. 화내동은 3,279집 1만 4,375명이었다가 화내동은 1990년 화정 1동, 2동으로 분리되었다.

화정동을 화내동에 떼어주고 독립했던 쌍촌동은 또다시 1993년 2만 4,753명으로 크게 인구가 늘어 상무대를 둘러싼 동네답게 상무 1동, 상무 2동으로 분리되었다. 상무대 주변은 이처럼 계속 인구가 늘어 광주시 성장에 도움이 되었다.

상무대가 장성으로 떠나고 치평동 군용지가 택지로 개발되어 관청과 아파트가 들어선 2003년, 또다시 상무 1동에서 치평동만을 독립시켜 옛 상무대 군시설지 일대는 치평동, 상무 1동, 상무 2동으로 나뉘어 오늘날 3개 동마다 인구가 2만 5천여 명을 넘겨 본동의 필요성이 논의되는 실정이다.

옛날에도 군사기지

조선시대 현 상무대 일대는 군사기지의 냄새를 풍기는 군분면(軍盆面)이었다. 1910년 이곳 인구는 466집 2,117명이었다. 관할 지역은 지금의 농성동이 된 연예리와 신흥리, 쌍촌동의 쌍촌, 계수, 효사, 택동, 화정동의 중작, 송정, 신기, 노치, 광천동의 내방과 신방 등 12개 동네였다.

1961년 신설된 상무동은 바로 군분면의 4개 법정동(쌍촌, 화정, 내방, 치평)을 관할하는 동으로 군분면 때의 농성동이 제외되어 있다. 그렇지만 개설 당시 상무동 인구는 907집 5,034명으로 군분면 인구보다 2배가량 많았다. 그 상무동이 오늘날 8개 동으로 나뉘어 14만 9,479명(2021년 말 기준)이 살고 있다. 이는 광주시 인구의 10.2%에 해당하며 서구 인구의 48.9%이다.

오늘날 상무지구(화정동 포함)는 군용지에서 해제되어 새로운 광주 도심지로 성장했다. 이곳이 군용지로 쓰이지 않았더라도 도시 발전에 따라 개발될 땅이긴 하지만 광주시청 이전지로 선택된 것은 순전히 상무대의 이전이 만들어준 운명이었다.

상무동의 변화

　병영으로 쓰이던 옛 상무대는 오늘날 치평동(治平洞)이란 행정동 이름으로 광주의 새 도심을 이루고 있다. 이 병영이 1995년 장성으로 옮겨간 뒤 택지개발을 끝내고 관공서와 주택과 상업시설이 들어가기 시작한 것은 1998년이다. 20년 사이 이곳에는 3만 명이 살고 있으므로 병영 시절의 군인 수와 엇비슷하다고 할 수 있다. 앞서 밝혔듯이 일본이 이곳에 비행장을 개설하기 전에는 평촌, 하촌, 노치라는 동네뿐이었다. 평촌은 1940년대 광주천(극락천)의 직강굴착공사로 물골이 평촌 동네 북쪽에서 남쪽으로 바뀌고 이 동네에 광주하수처리장이 들어서면서 없어졌으므로 치평동에서 옛 동네 터를 찾자면 노치(老雉)와 하촌(荷村)뿐이다.

　1910년 민적 통계를 보면 평촌, 하촌, 신촌의 3개 동네로 이뤄진 내정면의 인구가 261집 1,146명이었다. 유촌리(柳村里)로 독립한 신촌(新村)에 면사무소가 있었고 절반 이상이 살고 있었으므로 평촌이나 하촌 인구는 많지 않았다. 1915년 작성된 이곳 지적원도를 보면 비행장의 중심 동네가 된 하촌에는 29필지, 노치에는 27필지의 집터가 나오고 있으므로 비행장 확장 사업 때 두 동네에는 각각 50집쯤 살고 있었을 것으로 보인다. 그러므로 치평동은 1백여 년 사이에 3만여 명이 사는 광주의 치정(治政) 중심지가 되었으므로 벽해가 상전이 되었다는 말은 이런 곳을 이르는 말일 것이다. 철망으로 울타리를 친 군사시설

상무대 정문이 운천저수지 쪽으로 나면서 정문 앞에 장사꾼들이 이사 오고 술집들이 생겨났다. 들판 가운데 있던 마륵리는 점차 쇠퇴하고 정문 앞이 번성하면서 이 동네 이름마저 마륵리가 되었다.

근처는 사람들이 살기를 꺼려했다. 전답은 일부 비행장 부지로 들어갔으나 뜯기지 않은 마륵리와 운천저수지 곁의 주막집, 운천저수지 서남쪽의 효사리에 사람들이 살고 있었다.

1952년 1월 이곳에 보병, 포병, 통신학교가 이사와 교육총감부가 들어서면서 정문이 운천저수지 쪽으로 났다. 이때부터 서서히 정문 앞에 장사꾼들이 이사 오고 술집들이 생겨났다. 들판 가운데 있던 마륵리는 점차 쇠퇴하고 상무대 정문 앞이 번성하면서 이 동네 이름마저 마륵리가 되었다. 당시에는 이곳이 광주가 아니라 광산군 극락면 치평리와 서창면 마륵리[본디 당부면(當夫面)]였다. 이 일대가 광주시에 편입된 것은 1955년이다. 저수지 주변에 군인을 상대하는 가게, 술집, 하숙집 등이 들어서 흥청대면서 속칭 '돈천동'으로도 불렸다. 내정면 시절 이름은 '방죽거리'이다.

상무대 철조망과 인접한 동네는 북쪽으로 유덕동, 동쪽으로 쌍촌동, 남쪽으로 마륵동, 서쪽으로 영산강이었다. 당시 쌍촌동은 운천저수지 주변을 포함해 새 동네로 성장한 마륵동과 맞닿아 있었다.

쌍촌동은 1914년 극락면이 생길 때 극락면 9개 동네 중 한 동네였다. 이 동네 이름은 1789년의 『호구총수』에 쌍유촌(双柳村)으로 나온다.

1914년 쌍촌리는 같은 군분면에 택동, 내동, 노치, 효사의 4개 동네를 합해 극락면에서 가장 큰 동네가 되었다. 당시 군분면 12개 동네는 치평, 내방, 화정, 신예(농성동), 쌍촌의 5개 동네로 합쳐졌다. 1955년 광산군 극락면이 광주시에 편입되었다. 1957년 추가로 광산군의 대촌, 지산, 서창면이 광주시에 편입되었다. 이해에 광주시는 일제 때 만든 122개 동네를 51개 행정 단위 동으로 합했다.

이때 상무동이 치평리, 상촌리, 내방리, 화정리를 합해 만든 상무대 둘레 동네 이름으로 탄생한 셈이다. 이 동 면적은 옛 군분면 구역과 비슷했다. 서구의 80%가 극락면 지역이다.

1957년의 상무동은 오늘날의 치평동, 상무 1, 2동, 화정 1~4동을 포함해 그 면적이 270만 평에 달했다. 1973년 동구와 서구가 생겨나면서 상무동은 서구에 속했다.

상무동은 행정동이 된 18년 만인 1979년, 다시 쌍촌동과 화내동(내방, 화정)으로 나뉘고 없어졌다. 상무동이 두 동으로 나뉠 때 인구는 2만 6,784명이었으므로 분동이 불가피했다. 이듬해 쌍촌동 인구만 1만 5,135명이 되었고 화내동 인구가 1만 6,378명이었으므로 당연한 결과라 할 것이다.

1957년 신설된 상무동은 당시 상무대 군사시설이 오늘날의 화정동 일대에 있어서 행정상의 편의성 때문이었다. 그러나 1979년 분동이 불가피했던 것은 1970년대 광~송 간 구획정리사업이 이뤄지면서 화정동 일대에 많은 주택이 들어섰고, 1975년 쌍촌동에 주택공사 아파트가 건설되는 등 도시 확장이 광~송 간 도로변으로 집중되고 있었기 때문임은 이미 설명한 바 있다.

1979년 쌍촌동으로 복귀된 상무대 주변 동네는 1993년 12월 상무대 군인들이 장성으로 옮겨가면서 새삼스럽게 쌍촌동을 상무 1동, 2동으로 나누었다. 상무대가 떠난 대신 상무동이라는 이름이 다시 부활한 것이다.

당시 쌍촌동 인구는 2만 5,659명으로 분동의 요인이 일어나 있었다. 곧 상무대 철망이 걷혀 택지개발사업이 착수되고 민간이 살 수 있는 땅의 여건을 갖춰가고 있었다. 당시 상무1동은 2만5,272명(10,089집) 상무2동은 2만6,564명(11,244집)으로 쌍촌리와 치평리를 절반씩 남북으로 나눈 꼴이었다.

상무 2동은 1995년 화정 4동의 일부를 편입시켰다. 1998년은 상무 1지구 택지개발사업이 끝나 아파트들이 준공되고 환지 사업이 진행될 때이다. 이때 택지개발사업에 포함된 일부 구역 조정이 이뤄졌다.

- 유촌동 393,515㎡를 치평리로 편입
- 마륵리 2,252㎡를 치평리로 편입
- 치평리 92,952㎡를 쌍촌리와 유촌리로 편입
- 쌍촌리 219,982㎡를 유촌리로 편입

2003년 2월 17일 상무1동에서 옛 상무대 군영 중심으로 쓰던 치평리 땅을 나누어 일본 식민통치자들이 의미 없이 만든 땅이름 치평동(治平洞)으로 독립시켰다. 이 동 이름은 1914년 일본 통치자들이 이곳 역사나 땅토리에 관계없이 일본 천황 명치(明治)를 기념하려는 냄새나는 이름이다. 옛 치평리 땅을 상무 2동과 나눴기에 쌍촌동 973~974번지를 편입시켰다. 옛 치평리땅 상무대 군사시설 부지 30%가량은 상무 2동에 나뉘어 있다.

이처럼 상무대 주변의 행정구역은 변화가 너무 심해 군영으로 쓰인

영산강 중류(옛 혈포)에서 바라본 상무지구.

상무대의 영향을 얼마나 받아 성장했는지 가늠하기 힘들다. 더구나 광주시 인구가 광복 당시 10만 미만이었다가 1955년 20만, 1960년 30만, 1970년 50만 명으로 늘어나는 동안 치평동 일대에 상무대가 들어서던 1952년 당시 광주 인구는 13만 명이었고 광산구 인구는 14만 명가량이었다.

광주시에 편입되지 않은 광산군 인구는 20여 년간 계속 10만 명 내외에 머물러 있었다. 광주시 인구는 계속 늘어 상무동이 생기던 1957년 광주 인구는 30만에 육박하고 있었다. 그러므로 상무지구의 인구 증가 추세는 상무대와 연관지어 설명하는 데 한계가 있다.

다만 1996년 전남대학교 박물관이 주관해 실시한 '광주상무택지개발지구 종합학술조사'에서 손용엽 교수가 언급한 상무동 주변의 기간장병 영외 거주에 따른 인접지 인구 증가는 긍정적인 면이 없지 않다. 상무대 정문 앞 방죽거리는 돈이 흥청대는 '흥천동'으로 불리기도 했다.

　상무 1동은 상무대 군 부지가 택지개발 후 민간에 분양되는 2000년대 접어들면서 갑작스럽게 사람의 이주가 늘어 2003년 드디어 제1택지개발지구를 치평동(治平洞)이라는 행정동 이름으로 독립시켰음은 이미 언급했다. 1914년 조선총독부가 만든 법정동의 치평리가 비로소 치평동이 되어 일본식민지의 그림자가 90년 만에 나타난 셈이다.
　90여 년 전인 치평리는 내정면 평촌과 하촌, 그리고 군분면 노치라는 3개 자연부락을 합해 만들었음은 여러 차례 설명한 바 있다. 이때 지적원도에 나타는 대지필지를 독립가구로 보면 평촌 54집, 하촌 29집, 노치 27집으로 모두 110집이었다.
　1909년 광주군 인구는 1만 6,482집 7만 8,669명이었으므로 한집 식구는 4.8명꼴이었다. 당시 내정면에는 261집 1,146명이 살았으므로 한집 식구는 4.4명꼴이다. 내정면에서 가장 컸던 동네 신촌은 105집이 살아 유촌리(柳村里)라는 독립 동네를 만들었으므로 유촌과 치평은 그 크기가 엇비슷했던 셈이다.

    1914년의 치평리 인구는 480명 내외였을 것이다. 이 사람들은 주로 하천이 홍수 때면 범람하지만 홍수 물이 잦아지면 맨땅, 모래톱이나 흙이 몰려 둔덕이 되는 높은 곳(고수부지)들을 골라 논과 밭, 둑을 만들고 홍수의 피해가 적은 삼(麻), 들깨, 모시 따위를 심었다. 그래서 광주의 모시나 마포는 이곳 것을 상품(上品)으로 쳐주었다. 별로 거름을 않더라도 홍수가 지면 윗녘에서 내려온 흙탕물 중의 진흙이 논밭을 덮쳐 기름진 땅이 되었기 때문이다. 그래서 이곳 사람들은 여름 홍수 때 피해를 입는 벼농사보다 들깨나 삼이나 목화, 콩 농사를 즐겼다.

    이처럼 보잘것없는 강변 땅에 광주광역시청은 물론 큰 관청들이 들어서고 인구가 3만 명에 이른 땅의 역사를 옛날 얘기로 흘려버려서는 안 된다.

5장
5·18민주화와 상무대

5·18 때 깊은 상처를 준 광주 상무대의 흔적 또한 존중되어야 한다. 후백제를 일으켰던 황계면 진훤대도 기억의 장소로 거듭나야 한다. 과거가 수치스럽다고 내팽개치면 오늘날의 영광도 1백 년 뒤에는 과거가 되어 후손들로부터 버림받는다. 우리는 이 이치를 깨닫기 위해 역사를 공부한다.

부마(釜馬)민주화와 광주

5·18광주민주화운동 7개월 전인 1979년 10월 16일 부산과 마산에서 민주화시위가 일어났다. 10월 4일 유신정권은 신민당총재이며 국회의원이었던 김영삼을 국회의원에서 제명했다. 본디 거제도 출신이지만 부산 서구갑 선거구에서 국회의원에 당선되어 미래의 희망으로 떠올라 있던 김영삼의 제명은 부산 지역민들에게 큰 충격을 주었다. 물론 이처럼 사태가 악화된 것은 부산의 가발수출업체 YH무역의 폐업에 항의해 일어난 여성 노동자들이 당사에서 시위를 벌인 행위를 격려한 것이 직접적인 요인이었다.

"닭목을 비틀지라도 새벽은 온다"

김영삼이 국회의원에서 날치기 의사 진행으로 제명되고 연금된 뒤, 10월 13일 신민당의원 66명과 민주통일당의원 3명이 집단 의원직 사퇴서를 제출했다. 김영삼은 이때 "닭목을 비틀지라도 새벽은 온다."는 유명한 말을 남겼다.

이 같은 사태가 벌어지자 부산대학교 학생들이 10월 15일 「민주선언문」을 채택하고 그 선언문을 시내에 뿌렸다. 이튿날인 10월 16일 '김영삼 탄압중지' 구호가 시작되자 다른 대학교 학생들과 시민들도 가담해 '독재타도'를 외치며 시위에 나섰다.

10월 18일에는 시위가 마산과 창원으로 확대되어갔다. 유신정권은 그날 저녁 계엄을 선포하고 공수부대와 해병대 1개 연대를 투입했다. 1,058명을 연행하고 그중 125명을 구금한 뒤 66명을 군사재판에 넘겼다. 20일에는 마산에만 위수령을 선포해 민간인 59명을 군사재판에 넘겼다. 그러자 시위는 조용해졌다.

부산·마산이 조용해진 26일, 계엄군이 철수하던 날 밤 정보부장 김재규(1924~1980)는 박정희 대통령과 비서실장 차지철을 시해했다. 이날부터 5·18광주민주화운동이 일어난 1980년 5월 17일까지를 '서울의 봄'이라 일컫는다.

그러나 그것은 민주화의 봄이 아니었다. 김대중, 김영삼, 김종필이 서로 세를 불리는 동안 정보부장 전두환은 '하나회'란 군사조직을 통해 참모총장 장도영, 국방장관 오재현, 수도경비사단 장겸, 특전사령관 장태완 등 군부 지휘관들을 모조리 반역혐의로 체포하는 군부하극상 군사쿠데타를 일으켰다. 이 사건을 12·12 숙군쿠데타라고 주장했지만 엄연히 당시 최규하 대통령의 재가를 받지 않고 일으킨 하나회의 군부 반란이었다.

이 반란 세력들은 국민의 뜻과는 상관없이 군부독재정권의 연장을 진행했다. 이 기미가 세상에 알려지면서 4월부터 곳곳에서 시민들의 소요가 시작되었다. 5월 14일에는 서울 지역 27개 대학생총회가 가두 시위를 벌였다.

5월 17일 김대중을 반란혐의로 구속하고 전남대학교 학생회장 정동년을 동조죄로 연행했다. 물론 이화여대를 기습, 이곳에 모여 있던 전국 대학생 회장들을 체포하고 국회를 점령했다. 이와 더불어 전국 대학교 휴교령과 함께 전국에 계엄령을 선포했다.

부산 사람들이 그랬듯이 호남의 민주화 희망이었던 김대중의 구속은 휴화산에 불을 붙인 꼴이었다. 부산과 마찬가지로 '군부독재 물러나라' '김대중을 석방하라'는 구호를 주로 외치며 전남대 학생들이 가

두시위에 나섰다. 전두환 일당은 부마사태 때와 마찬가지로 공수여단을 투입, 진압에 나섰으나 부산·마산 시민과는 다른 지역 기질을 읽지 못한 실수를 저질렀다.

마산은 이미 1960년 3월 15일 시위 때 사망자 13명, 부상자 870명의 사상자를 내고 이승만 정권이 하야하는 도화선을 일으킨 곳이다. 그러나 1979년의 부마사태 때는 공부수대가 나타나 6월 18일 1천 58명을 연행하고 그중 125명을 구금하자 이튿날인 20일 소요가 싱겁게 진정되고 26일에는 계엄이 해제되었다. 이 당시 부산과 마산에서는 인명 피해가 알려지지 않았으나 2011년 들어 마산에서 3명의 사상자가 있었다는 주장이 일어 진상조사가 진행되었을 뿐이다.

호남을 의로운 고장이라 부르는 이유

이 점이 광주의 5·18민주화운동과 확연하게 다른 지역성이다.

광주는 부산·마산과 똑같은 공수부대가 투입되어 진압에 나섰으나 진정되지 않고 10일이나 저항이 계속되었다. 특히 부산·마산과는 달리 166명의 시민이 사망하고 81명이 행방불명되었으며 상이자 및 상이사망자가 3,588명에 달했다는 점이다.[33]

사망자들 중에는 27일 새벽, 진압군이 도청을 포위하고 투항을 권유했음에도 불구하고 스스로 죽음을 택한 시민군이 17명이나 있었다. 5·18현장취재차 광주에 왔던 부산의 한 언론인은 부산·마산에서도 공수부대의 곤봉 세례가 광주와 마찬가지였지만 세 불리를 느낀 시민들이 스스로 몸을 사리는 것을 목도했다. 그런데 '어째서 광주 사람들은 진압군의 총탄을 맞아 죽어가는 것을 보면서도 계속 항거하는지 그 기질을 이해할 수 없다.'고 토로했다. 나는 역사적으로 이어온 이곳 기질

---

33) 『민주장정 100년 연구총서』, 13권 제12장 참조.

을 설명해준 일이 있다.

멀리는 후백제를 일으킨 이곳 사람들은 끝까지 싸우다 왕건에 패해 망했지만 신라 왕실은 싸우지 않고 나라를 왕건에 바친 실리를 택했다. 왕실과 신라 유민 들을 살린 뒤 그의 외손인 현종 이후 고려 왕실의 실권을 경주 세력이 차지한 전통이 있다.

임진왜란 때 경상도 관군들은 왜군이 한성에 이르는 길을 큰 저항 없이 내주었지만 호남 사람들은 제 땅도 아닌 진주까지 쫓아가 진주성에서 왜군을 막기 위해 수만 명이 죽었다. 당시 경남의병장이었던 홍의장군 곽재우는 지척 간에 있으면서도 진주성싸움에 참여하지 않았다.

구한말 의병의 60%는 호남의병이었다. 1909년 일본이 만든 '조선폭도사건조사표'를 보면 호남의병 사망자 179명, 포로 42명인데 견주어 경상도 의병사망자 34명, 포로 10명이었다. 이처럼 호남 사람들의 저항이 결사적이었으므로 일본은 한성에서 이미 왕권을 빼앗고 치정권을 빼앗았으나 합방 발표를 위해서는 호남의병을 섬멸한 뒤라야 한다는 생각으로 1909년 여름 '남한대토벌작전'에 들어갔었다. 지리산 서남쪽 남원에서 출발해 해남, 진도에 이르는 지역의 의병을 산토끼몰이하듯 대대적인 섬멸작전을 편 이름이다. 10월 8일 능주 풍치산 중암굴에서 심남일 장군을 체포한 뒤 이 작전을 끝냈다. 이 작전에서 의병장 23명이 살육되었고, 체포 및 자수자는 4천여 명이었다. 4천여 명 중 기소유예 처분자 5백여 명을 강진~하동 간 도로 410리 개설에 동원했다.34)

이처럼 호남 사람들은 실리(實利)에 우둔하다. 옳은 일이라는 신념만 서면 자신을 희생의 제물로 자진한다. 의(義)라는 한문 글자는 하늘에 제사할 때 자기 몸을 양(羊)처럼 바친다는 뜻을 담고 있다. 착하

---

34) 홍순권, 『한말호남지역의병운동사』 참조.

고 선한 양을 지키는 목자가 아니라 옳은 일이라면 스스로 제물이 된다는 뜻글자이다. 그래서 호남을 의로운 고장이라 한다. 이 점은 호남 사람들의 장점이면서도 현실성이 부족한 단점이기도 하다.

부마시위는 10·26시해사건을 촉발시킨 한 요인이었음은 분명하지만 민간인 희생이 적었던 탓인지 1960년 3·15마산사건보다 크게 빛을 보지 못하고 있다. 5·18민주화운동과 마찬가지로 기념재단, 기념사업회, 부상자동지회, 부마진상조사추진위원회, 『부마항쟁의 진실을 찾아서』 연구보고서들이 있지만 3·15기념사업과 같은 상징사업은 별로 없다. 뒤늦게 2009년 10월 16일 국가기념일로 지정했을 뿐이다.

이에 견주어 13명의 사상자와 870명의 부상자를 낸 마산 3·15의거는 3·15민주회관, 3·15민주묘지, 3·15아트센터 등 형체 상징물이 있고 기념사업회와 재단도 있다. 일부 경남 정치인들이 헌법 전문에 5·18민주화운동과 함께 10·16, 3·15, 4·19가 4대 민주화운동의 상징임을 명시하라고 주장하는 심정을 이해할 만하다.

5·18민주화운동의 진행

'시민 여러분, 지금 계엄군이 쳐들어오고 있습니다. …우리 모두 일어나서 계엄군과 끝까지 싸웁시다. …우리를 잊지 말아 주십시오. 우리는 최후까지 싸울 것입니다…'

5월 27일 한밤중 정적을 깨뜨리며 들려오던 시민군 여성 홍보원의 가두방송 소리가 들린 지 몇 분 후 사직공원 전망대에서 총소리가 울려퍼졌다.

가슴을 옥죄며 결과를 궁금해하던 시민들은 아침 6시 국영방송을 통해서 광주시민군 2명이 사살되고 207명이 체포되었다는 방송을 들었다. 그날부터는 모든 공무원은 정상 출근하라고 독려하기도 했다. 피살된 시민군들은 도청 앞 광장 북쪽의 무덕전에 안치되어 있었다.

이날 오후 6시 방송에서는 27일 새벽 도청시민군 본부 진압작전 때 투항을 거부하고 대응하다 죽은 시민군은 17명이고 계엄군은 2명이며 체포된 저항시민 295명을 연행했다고 정정 보도를 했다.

뒷날 국방부가 국회국방위원회에 보고한 자료에는 광주5·18민주화운동 당시 검거자 총수는 2,522명이다. 그중 1,906명은 훈방하고 619명은 군사재판에 회부했다고 한다. 재판에서 212명은 불기소 처분되고 404명이 기소되어 형을 받았다.[35]

---

35) 『5·18민주항쟁자료집』 1985, 나간채, 『광주항쟁부활의 역사만들기』 81쪽.

10월 25일 1심 선고공판에서 무더기로 175명에 대한 선고가 있었다. 정동년(전남대 복학생), 김종배(조대 학생), 박남선(시민군 상황실장)은 내란 및 계엄법 위반으로 사형, 배용주(운전기사)는 경찰관 살상죄, 박노정은 계엄법을 위반한 죄로 사형이 선고되었다.

항쟁지도부 요원 7명은 무기징역, 163명은 5~20년 징역형, 80명은 선고유예 또는 집행유예가 선고되었다. 모두 235명이다.36)

1년도 못 된 1981년 3월 대법원 확정 판결이 있었다. 상고를 기각해 군고등법원에 환송되었다. 당시 군고등법원에서 내란음모, 반공법 위반, 계엄령 위반 등으로 형을 받은 5·18민주화운동 저항 시민들을 돌연 1982년 12월 24일 크리스마스 특별사면으로 모든 형 집행을 정지하고 석방한다.

이 같은 의외의 사태는 이날 반란 주동자로 사형이 선고되었던 김대중 씨가 특별사면되어 미국으로 강제 외유를 떠나기로 타협이 되었기 때문으로 알려졌다. 김대중의 외유는 한국 여론이 광주항쟁을 묵인한 미국의 책임이 크다면서 미국문화원 방화사건이 일어나는 등 반미 감정이 고조되고 있었기 때문이기도 했다. 뿐만 아니라 이미 박정희 군사정권으로부터 일본에서 납치되어 기적적으로 목숨을 구한 김대중은 이미 국제적으로 '동아시아의 만델라'로 호칭되는 유명 인사가 되어 있어서 미국마저 압력을 받았던 탓이다.

김대중은 미국 외유 생활 2년이 지난 1985년 1월 돌연 귀국을 선언했다. 1985년 3월 12일 12대 국회의원 선거를 앞두고 있던 때이다. 전두환은 약속을 어기고 귀국하면 다시 감옥에 넣어 잔여 형량을 집행하겠다고 위협했다. 이런 위협에 상관없이 김대중은 국회의원 선거 직전인 2월 8일 김포공항에 도착했다. 김대중은 이때까지도 형의 집행이

---

36) 나간채, 『광주항쟁 부활의 역사 만들기』, 86쪽.

정지되었을 뿐 사면되지 않은 상태였다. 전두환 정부는 김대중을 공항에서 동교동 자택으로 연행, 감금시켜 버렸다. 이 날짜 미국 〈뉴스위크〉지는 '폭풍의 귀국'이란 제목으로 김대중의 고국 귀국을 보도했다. 김대중은 이처럼 해외의 주목을 받고 있었지만 정치 활동을 할 수 없었다. 야당인 민한당은 이민우가 당을 깨고 선거 앞둔 1월 8일 신진당을 창당

귀국 후 김포공항에서 기자회견 중인 김대중.

해 분열했던 탓으로 전두환의 민정당이 국회의석 276석 중 53.6%인 148석을 차지하고 말았다.

전두환은 군부정권의 계승을 노리고 노태우를 차기 대통령 후보로 지명한 뒤 김영삼, 김종필, 김대중의 3김 싸움을 부채질하기 위해 선거를 앞둔 1987년에야 김대중을 사면해 정치 활동을 하도록 풀어주었다. 군부가 노린 대로 1987년 6월민주항쟁 이후 실시된 1988년 4월 26일 국회의원 선거에서 3김은 야당 표를 나눠 가져 노태우의 당인 민정당을 제치지 못했다. 다만 3김이 차지한 의석 수가 164석으로 민정당의 125석을 앞서 한국 의정 사상 처음으로 여소야대의 정치 구조를 만들었다. 이 때문에 노태우는 대통령 선거에서 3김을 제치고 36.6%의 지지로 1위를 기록했으나 의회의 끊임없는 견제와 독주를 받는 시련을 겪어야 했다.

야당의 공세를 이기지 못한 노 대통령은 군사쿠데타의 동지인 전두환을 백담사로 피신시켜야 했다. 이 같은 정국의 전개는 5·18민주화운동을 민주투쟁의 승리라는 역사로 승화시킬 수 있었다. 이처럼 시류가

계속하여 5·18민주화운동을 뒷받치지 않았다면 광주항쟁은 실패한 역사가 될 뻔했다. 5·18 이후 계속된 시류를 연표로 정리해 본다.

  1980년 6월 전두환 국보위원장 취임
  1980년 전두환 중장, 대장 진급 후 예편
  1980년 6월 1일 서강대학생 김의기 투신
  1980년 6월 1일 광주 대교구사제단 계엄사 발표 공박 성명
  1980년 7월 1일 김대중 내란음모죄 1심 공판
  1980년 8월 27일 체육관 선거로 전두환 대통령 당선
  1980년 9월 1일 전두환 대통령 취임
  1980년 12월 29일 군계엄고등법원 광주항쟁 피고 163명 선고
  1980년 12월 9일 광주 미국문화원 방화
  1981년 3월 31일 대법원 피고 측 항소 기각 군재판소로 환송
  1981년 5월 27일 서울대학교 김태훈 투신 사망
  1981년 5월 5·18 1주기 행사 전국 15대 대학생 시위(63명 구속)
  1982년 3월 18일 부산 미국문화원 방화
  1982년 4월 28일 강원대 미 성조기 화형식
  1982년 4월 2일 광주 미문화원 방화범 관련자 구속
  1982년 9월 전국 시위 18곳
  1982년 10월 12일 전남대총학생회장 박관현, 교도소 수감 중 사망
  1982년 11월 시위 격화
  1982년 12월 24일 미국 압력으로 김대중 형집행 석방, 5·18민주화운동 관련자 전원 동시 형집행 정지

  1980년 5월 27일 스스로 죽기를 선택한 열사들에 대한 죄책감과 부끄러운 양심이 용암과 지하수가 되어 온 나라 안에 스며든 뒤 드디

어 활화산처럼 1987년 6월항쟁으로 솟구쳐 올랐다. 1987년 6월 29일 드디어 군부정권도 손을 들었다. 1987년 6월 29일 민정당 대통령 후보 노태우가 직선제를 실시하겠다고 선언한 것이다.

1987년 7월 9일의 이한열 장례식에는 1백만 서울 시민이 운집했다. 10월 27일 개헌 찬반 투표가 실시되고 5년 단임제 대통령 직선제도가 확립되었다. 이 과도기에도 대통령은 군부 마지막 세력이 된 노태우가 당선되었다. 국

이한열의 목판화.

회만은 세 야당의 의석이 여당을 앞질러 여소야대가 되어 정국은 야당이 주도하게 되었다.

1988년 6월 17일 국회는 5·18광주민주화운동 진상조사위원회 특위를 구성, 1989년 2월 24일까지 여섯 차례에 걸친 '광주청문회'를 열어 그 진상이 널리 알려졌다.

김영삼은 1990년 노태우와 김종필의 손을 잡고 합당한 뒤 1993년 대통령에 당선되었다. 김영삼은 범을 잡기 위해 범의 굴에 들어간다고 했다. 그는 대통령에 당선되자 국민의 지지를 등에 업고 '역사 바로세우기'를 국정 과제로 내걸었다. 그 첫째 작업이 1993년의 하나회 청산이었다.

1995년 광복 50주년 일본 쇠말뚝 뽑기, 조선총독부 건물 철거, 국민학교 이름 초등학교로 바꾸기, 5·18특별법 제정과 노태우·전두환 구속(1995. 12. 3.) 등이다.

1997년 9월 17일 전두환은 무기, 노태우는 17년형이 확정되었으나 이해 12월 22일 크리스마스사면 때 특별사면되었다.

1998년 2월 25일 김대중은 김종필과 손을 잡고 출마해 당선되고 제15대 대통령에 취임했다.

　　1995년 말 특별법 제정 후 1996년 초 군사반란 및 내란혐의로 구속되어 이해 12월 16일 최후선고가 이뤄진 피의자들의 형량은 다음과 같다. 이들 죄는 곧 불과 1년이 지나자마자 1997년 12월 25일 크리마스 때 특별사면되어 풀려났다.

- 전두환(무기)
- 노태우(징역 17년)
- 정호영(징역 7년)
- 황영시(군단장 징역 8년)
- 유학성(군수차관보 징역 6년)
- 차규헌(수도사단장 징역 3년 6월)
- 허화평(보안대 비서실장 징역 8년)
- 허삼수(보안인사처장 징역 6년)
- 이학봉(보안수사국장 징역 8년)
- 주영복(국방장관 징역 7년)
- 최세창(공수3여단장 징역 5년)
- 장세동(30경비단장 징역 3년 6월)
- 신윤희(헌병부단장 징역 3년 6월)
- 박종규(3공수 15대대장 징역 3년 6월)

5·18민주화운동 기념사업

 후백제의 광주 기병 역사는 패망의 역사라 잊으려 애쓸수록 다른 지역 패거리들은 기회 있을 때마다 되새겨 쓰린 가슴을 칼질했다. 그럴수록 아픈 상처를 감추려는 방어 본능이 이 지역사의 약점이 되어왔다.
 다행스럽게도 5·18민주화운동은 시류의 흐름을 타고 성공을 거둬 지역의 자랑이 되었다. 어느 순간 이를 되돌아보면 현기증을 느낀다.
 2011년 5·18민주화운동이 세계기록유산으로 인정받아 유네스코에 등재되는 것으로 이미 국내의 역사 굴레를 넘어 세계화에 대못을 박은 셈이다. 세계기록유산 등재에 따라 2015년 5·18민주화운동 때 운동의 센터 기능을 맡았던 금남로 2가 가톨릭센터 건물이 5·18민주화운동기록관으로 리모델링되어 그날의 기록과 영상들을 수집, 보관하고 전시·열람시키고 있다.
 이 같은 국제적 인식 활동과 기억장치 외에도 5·18 관련 사업들은 광주의 상징화에 일조하고 있다.
 첫째는 5·18희생자 묘지가 국립묘지로 승격되었다. 묘지 3,000평, 광장 3,000평, 참배마당 3,800평, 전시공간 800평, 역사공간 5,500평, 기타 녹지공간 등 모두 5만여 평이다. 처음에는 시 관리 묘지였으나 2002년 국가 관리 국립묘지로 승격했다. 8백여 기가 안장되어 있다.
 두 번째는 역사 현장에 세워진 표지석들이다. 1999년에 26개소의 5·18민주화운동 현장에 그 사연을 새긴 표지석을 세웠다. 시외의 흔적

5·18기념문화센터.

도 52개소에 표지석을 세우고 안내판 21개도 세웠다. 특히 맨처음 시위를 시작해 가장 많은 희생자와 투쟁자를 배출한 전남대학교는 자체적으로 5·18연구소를 운영하고 있다. 대학 내에 기념관, 역사관, 열사관, 정보관, 감성관 등을 가지고 있다.

세 번째가 상무대에 세워진 여러 기념 시설들이다. 국방부의 무상 양여에 따라 망덕산을 중심으로 쌍촌동 1268번지에 20만 5,098㎡의 5·18기념공원이 조성되었다. 이 공원의 관리 기능을 맡은 건물이 5·18기념문화센터이다. 지하 1층, 지상 3층, 연면적 1,581㎡의 이 건물에 5·18기념재단이 들어가 있다.

건물 안에는 802석 규모의 공연장, 285석 규모의 소공연장과 소회의실, 리셉션의 공간을 갖춰 각종 행사나 공연이 가능하다. 반지하층에는 11개 분야 5만 3천여 점의 5·18민주화운동 관련 자료들이 전시되어 5·18민주화운동기록관의 별관 기능을 담당한다.

건물 밖에는 추모공간인 계류정과 3층 전망대 오월루 대동광장 등이 있다. 이곳에서 서북쪽 118m 거리의 5·18자유공원(치평동 1161-6번지)에 당시의 군사재판정, 헌병대, 영창 등이 재현되어 있다.

공원 동남쪽에 있는 학생교육문화회관(상무민주로61)에서는 학생복합문화교육을 맡고 있다. 각종 놀이, 운동 체험시설과 수영장이 있다. 특히 주장애시범시설로 장애인실이 따로 있으며 디지털자료관, 문헌정보실, 정기 간행물실, 영어도서관, 열람실 2계층 등 통합도서관이기도 하다. 공원 서쪽 한편에 단군왕검을 모신 대성전도 있다. 서남쪽에 무각사와 호남불교문화원도 있다. 옛날 군인상무교회 자리에는 무진교회가 있으나 공원 경내는 아니다.

문화센터에는 5월 단체들의 사무실이 있다. 희생자 추모공원 계류정에는 5·18희생자 명단이 새겨져 있고 횃불 조각으로 상징화하고 있다. 5·18민주화운동 학생기념탑이 따로 있다.

5·18기념공원은 상무대 군용지에 조성되어 있으나 시청 광장과 구

5·18자유공원 내 재현해 놓은 옛 상무대 영창.

5·18자유공원에 재현된 상무대 영창과 재판정.

232 요새의 땅, 광주 상무대

5·18민주화운동 학생기념탑.

5·18기념공원 내 광주학생교육문화회관.

도심지를 잇는 내방로와 운천로 사이의 망덕산 북쪽 기슭에 자리 잡아 외래인들의 접근성에 문제가 없지 않다. 군병영 토지의 중심부는 분양이 손쉬운 주택 또는 상업시설지구로 개발하고 외지 사람들의 주된 출입길인 광~송 간 도로에서도 보이지 않는 북풍받이에 배치한 것은 5·18기념사업을 상징화하는 위치 선정이 적정했다고는 말할 수 없다. 5·18을 광주브랜드화할 생각이 있다면 시청사를 압도할 만한 가시적이고 상징적인 인조물이 필요했다는 생각을 한다.

5·18기념재단은 1994년에 설립된 뒤 오늘날 기념공원의 문화센터에 입주해 공원과 공원 내 각종 시설을 관리하고 있다. 국내적으로 추모사업을 계속 주관하는 일을 하지만 국제적으로 '자유·민주·평화'라는 인류의 보편적 가치 수호가 바로 5·18정신이었음을 알리는 임무가 더 크다. 이 같은 설립 목적에 따라 시작한 것이 광주인권상과 국제학술대회이다. 2000년에 시작한 인권상은 매년 5월이면 국제적으로 자유·민주·평화를 위해 공헌한 인사나 단체를 선정하여 표창한다.

5·18문화재단은 5·18민주화운동 정신의 국제적 연대를 위해 학술연구의 국제화에도 나섰다. 국제연구원을 부설기구로 두어 그동안의 학술 성과를 집대성하는 한편 자유·민주·평화·인권에 대한 국제적 학술단체와의 교류하고 논문 공모 등을 통한 5·18정신의 세계화를 의도하고 있다.

　문제는 이 같은 재단 사업들이 자체적으로 재원을 조달할 방안 없이 정부나 지방단체의 보조에 의존하게 되면 재단의 자율성이 유지될 수 있을 것인가 걱정이다. 해외 관련 NGO활동 단체나 포럼, 교육, 구호 등을 위한 재원을 쾌척하는 국제적 기업의 등장을 기대할 뿐이다.

　이와 함께 5·18 때 깊은 상처를 준 광주 상무대의 흔적 또한 존중되어야 한다. 후백제를 일으켰던 황계면 진훤대도 기억의 장소로 거듭나야 한다. 과거가 수치스럽다고 내팽개치면 오늘날의 영광도 1백 년 뒤에는 과거가 되어 후손들로부터 버림받는다. 우리는 이 이치를 깨닫기 위해 역사를 공부한다.